基于大数据环境下的档案管理基础与实务研究

常新军　吴昱达　甄　杨◎著

文化发展出版社
Cultural Development Press
·北京·

图书在版编目（CIP）数据

基于大数据环境下的档案管理基础与实务研究 / 常新军，吴昱达，甄杨著．— 北京 ：文化发展出版社，2023.12

ISBN 978-7-5142-4270-6

Ⅰ．①基… Ⅱ．①常… ②吴… ③甄… Ⅲ．①档案管理－研究 Ⅳ．① G271

中国国家版本馆 CIP 数据核字 (2024) 第 025131 号

基于大数据环境下的档案管理基础与实务研究

常新军 吴昱达 甄 杨 著

出 版 人：宋 娜

责任编辑：袁兆英　　责任校对：岳智勇

责任印制：邓辉明　　封面设计：谢婉莹

出版发行：文化发展出版社（北京市翠微路 2 号 邮编：100036）

网 址：www.wenhuafazhan.com

经 销：全国新华书店

印 刷：天津和萱印刷有限公司

开 本：710mm × 1000mm 1/16

字 数：215 千字

印 张：10.75

版 次：2024 年 7 月第 1 版

印 次：2024 年 7 月第 1 次印刷

定 价：72.00 元

I S B N：978-7-5142-4270-6

◆ 如有印装质量问题，请电话联系：010-58484999

前 言

档案管理是一种常见的信息管理方式，档案管理不仅需要对档案进行收藏和存储，也需要对档案进行分类管理，从而给用户提供更快捷方便的信息检索和档案借阅。档案资料是无时无刻不在增加的，对档案管理员来说，档案的数量是非常大的，因此其工作量也相当大，而且档案的管理是一种对资料重新整理和分类的过程，其中涉及大量重复性的细节工作，对工作的准确性和对档案的处理速度有很高的要求。如果不能满足准确性，用户不能检索出所需要的资源，那么档案管理就失去了意义；如果不能及时给用户提供所需要的资源，也就无法为用户带来良好的体验。

在信息化时代的发展背景下，以往传统落后的手工档案管理方式已经无法跟上现代档案管理相关工作的前进脚步，尤其是在档案管理技术发展日新月异的今天，现代化综合档案管理平台的广泛应用也为现代档案管理工作提供了有效的保证。另外，伴随各单位现代信息化水平的不断提高，越来越多的办公自动化系统也催生出了海量的电子档案相关资料。因此，如果不能够及时、有效地对这些电子档案资料进行管理，那么就可能会发生由于文档资料丢失而无法对其完整性进行保证的情况。

本书第一章为大数据概述，主要论述了大数据的概念，大数据的发展趋势，大数据的主体分类、应用及需求三个方面的内容。第二章为档案管理工作概述，主要讲述了档案的形成与发展、档案的分类、档案工作的内容与性质、档案工作的要求与意义四个方面的内容。第三章为大数据环境下的档案信息资源整合，主要从档案信息资源整合的基本内容、档案信息资源整合的目标取向、档案信息资源整合的实施措施三个方面进行了分析。第四章为大数据环境下的档案信息资源开发利用，分别从档案信息资源开发利用的原则、档案信息资源开发利用的制约因素、档案信息资源开发利用的具体措施三个方面进行叙述。第五章为大数据环境下的档案信息服务创新性研究，主要讲述了档案信息服务研究的现状、档案信息服务研究的主要内容、档案信息服务模式面临的机遇与挑战、档案信息服务应用实例分析四个方面的内容。第六章为大数据环境下的档案信息化保障体系建设，分别讲述了宏观管理保障体系、标准规范保障体系、信息安全保障体系、人才队伍保障体系、信息技术保障体系五个方面的内容。第七章为大数据环境下的智慧档案馆建设，主要介绍了智慧档案馆概述、我国部分城市智慧档案馆的建设、智慧档案馆的风险分析、建设智慧档案馆存在的问题及策略、智慧档案馆的发展前景五个方面的内容。

在撰写本书的过程中，作者得到了许多专家学者的帮助和指导，参考了大量的学术文献，在此表达真诚的感谢。本书内容系统全面，论述条理清晰、深入浅出，但由于作者水平有限，书中难免会有疏漏之处，希望广大同行及时指正。

本书共 21.5 万字，其中常新军撰写第一、二、三、六章共 10.5 万字，吴昱达撰写第四章和第七章一、二、三节共 5.5 万字，甄杨撰写第五章和第七章四、五节共 5.5 万字。

常新军

2023 年 5 月

目 录

第一章　大数据概述

随着云时代的到来，大数据也吸引到了越来越多的关注。本章为大数据概述，主要论述了大数据的概念，大数据的发展趋势，大数据的主体分类、应用及需求三个方面的内容。

第一节　大数据的概念

大数据，也就是海量数据，一般指所含的数据集规模巨大，现在大众的软件工具无法在合理的时间进行采集、存储、分析管理的数据信息。因其在各个行业的广泛应用，使之关注热度历年来居高不下。作为人们获得新的认知、理念和创造价值的源泉，大数据的数据来源囊括我们在日常生活中可以普遍见到的网页上的图像、视频、录音，高速公路上车辆的收费记录、日常监控录像，医院的治疗病例、高端的基因测序，天文学中通过望远镜收集的信息数据等。

大数据最早出现在何时、何地？通过对大量文献资料追踪溯源，作者发现这个词出现的最早时间在 1980 年的美国，著名的未来学家托夫勒在其所著的《第三次浪潮》中将大数据热情地称颂为“第三次浪潮的华彩乐章”。从 1980 年到 2023 年，尽管大数据的发展已有 40 多年的时间，但目前对于大数据仍没有一个统一的、完整的、科学的定义。

一、狭义的大数据概念

受早期研究者将数据作为一种工具的思想的影响，很多研究机构和学者将大数据作为一种辅助工具，或者从其体量特征来进行定义。

作为大数据研究讨论先驱者的麦肯锡咨询公司，在 2011 年的大数据研究报告中根据大数据的数据规模来对其诠释，它给出的定义是，大数据指的是规模已经超出了传统的数据库软件工具收集、存储、管理和分析能力的数据集。需要指出的是，麦肯锡咨询公司在其报告中强调，并不是超过某一个特定的数据容量的数据才能被定义为大数据，因为随着技术的不断进步，其数据容量也会不断地增长，行业的不同也会使大数据的定义不同。

日本野村综合研究所的高级研究员城田真琴在其专著《大数据的冲击》中通过对大数据的起源进行探讨，对大数据做出如下定义：大数据指的是运用现有的一般技术难以进行管理的大量数据的集合。

简以概之，对于大数据的狭义理解，研究者大多从微观的视角出发，将大数据理解为当前的技术环境难以处理的一种数据集；而在宏观方面，研究者目前还没有提出一种明确的看法，但多数都提出了对大数据的宏观理解。需要注意大数据在不同行业领域的差异，以及随着技术进步，其数据容量不断增长的特点。

二、广义的大数据概念

广义的大数据是以对大数据进行分析管理，挖掘数据背后所蕴含的巨大价值为视角，对大数据的概念进行定义。

维基百科给大数据下了这样一个定义：大数据又叫巨量数据、大资料，就是参与其中的数据量庞大得不能用现在的技术软件与工具来截取、管理、加工成需求者所需的数据。

被誉为“大数据时代的预言家”的维克托 · 迈尔 – 舍恩伯格在其专著《大数据时代：生活、工作与思维的大变革》中将大数据定义为：大数据是人们获得新的认知、创造新的价值的源泉；大数据还为改变市场、组织机构，以及政府与公民关系服务。他还认为大数据是人们在大规模数据的基础上可以做到的事情，而这些事情在小规模数据的基础上是无法完成的。

国际商业机器（IBM）公司则是从大数据的特征出发对其进行定义，它认为大数据具有“3V”特征，即规模性（Volume）、多样性（Variety）和高速性（Velocity），故大数据是指具有容量难以估计、种类难以计数且增长速度非常快的数据。

国际数据公司（IDC）则在 IBM 公司的结论基础上，根据自己的研究，将“3V”发展为“4V”，即数据规模巨大（Volume），数据的类型多种多样（Variety），数据的产生、处理、分析速度加快（Velocity），数据的价值难以估测（Value）。所以，IDC 认为，大数据指的是具有规模海量，类型多样，数据的产生、处理、分析速度加快，需要超出典型的数据库软件进行管理，且能够给使用者带来巨大价值的数据集。

通过对大数据的定义进行梳理可以发现，大多数研究机构和学者是从数据的规模，以及对数据的处理方式方面来对大数据进行定义的，且多是从自身的研究视角出发，因此，对大数据的定义，可谓是仁者见仁，智者见智。

本书通过参照学术领域各个研究机构和行业企业对大数据的定义，认为大数据是指信息爆炸时代出现的巨量数据或海量数据，以及因此而导致的技术和认知观念上的系列变化。它既是数据分析、管理和加工的途径，又是发现知识的逻辑，它通过把事物量化为数据来研究和分析事情。大数据以其客观性和可靠性不仅成为人们对事物认知的全新方式，也成为创新发现的全新手段。

第二节　大数据的发展趋势

一、大数据的价值及其战略意义

（一）大数据的价值

如今是社会高速发展、技术发达、信息畅通、人与人沟通日益紧密、生活日益便利的时代，大数据正是这一高科技时代下的产物。阿里巴巴创始人马云曾经提到过，未来的时代不会是 IT（信息技术）时代，而将是 DT（数据科技）时代，由此可见大数据多么重要。

有人形象地说，数据就是蕴藏着能源的煤矿。煤炭按其性质分为烟煤、无烟煤和褐煤等，而露天煤矿和深山煤矿的挖掘费用又不同。类似地，大数据也不在于“大”，而是“有用”。价值含量，即挖掘成本重于量。对许多行业来说，如何使用这些大规模数据，是在竞争中取胜的关键。

大数据的价值主要表现在三个方面：第一，向众多消费者提供产品或服务的公司能够运用大数据开展精准营销；第二，做到小而美的模式，中小微企业能借助大数据进行服务转型；第三，在互联网压力下，传统企业不得不进行转型，这就要求企业紧跟时代步伐，充分挖掘大数据的价值。

然而，大数据对经济发展的巨大影响并不代表它可以替代对社会问题的所有理性思考，科学发展逻辑也不应该湮没于大量数据之中。著名经济学家路德维希·冯·米塞斯曾提醒过："就今日言，有很多人忙碌于资料之无益累积，以致对问题之说明与解决，丧失了其对特殊的经济意义的了解。"① 这确实是需要警惕的。

在这飞速发展的智能硬件时代里，困扰着应用开发者的重要难题是怎样在功率、覆盖范围、传输速率及成本等因素中寻找细微的平衡。企业组织分析及运用有关资料可降低成本，提高效益，开发新品，做出更加英明的业务决策，等等。通过大数据与高性能相结合的方式进行分析，以下这些有益于企业的事情就有可能出现：第一，及时分析故障、问题及缺陷产生的根本原因，每年可为企业节约数十亿美元；第二，规划数千辆快递车辆的实时交通路线，以免造成交通拥挤；第三，对全部SKU（存货单位）进行分析，并将利润最大化作为定价及清理库存的目标；第四，按照顾客的购买习惯向顾客推送其可能关心的优惠信息；第五，在众多的顾客中迅速确定金牌顾客；第六，采用点击流数据分析与数据挖掘相结合的方法规避欺诈行为。

（二）大数据的战略意义

大数据技术所具有的战略意义并不是拥有海量的数据信息，而是将这些有意义的信息专业化。也就是说，若将大数据类比为一个行业，则该行业要想获得利润，关键是要提升数据"加工能力"，并通过"加工"来使数据"增值"。

在云时代到来的背景下，大数据已经引起越来越多人的注意。著云台的分析师团队表示，大数据常用来描述企业制造出的海量非结构化、半结构化的数据，当它们被下载至关系数据库中进行分析时，会耗费太多的时间与资金。大数据分析常常与云计算相联系，因为对大型数据集的实时分析要求MapReduce（在大规模数据集上并行操作的编程模型）等框架将工作分配给几十台、几百台乃至几千台计算机。

二、大数据与传统数据库

大数据分析相比于传统的数据仓库应用，具有数据量大、查询分析复杂等特点。传统数据库是GB/TB级（计算机储存容量单位，1PB=1024TB、1TB=1024GB）的，高质量、较干净、强结构化、自上而下、重交易、确定解的数据仓库。大数据是PB级以上的，有噪声、有冗余、非结构化、自下而上、重交互、满意解的数据仓库。大数据出现后，大数据对数据库的高并发读写要求、

① 董良，何为凯，赵儒林．云计算技术与实现[M]．东营：中国石油大学出版社，2021.

对海量数据的高效存储和访问需求、对数据库高可扩展性和高可用性的需求，使传统 SQL（关系型数据库）逐渐没有用武之地，NoSQL（非关系型数据库）这一模式变得非常流行。互联网巨头对 NoSQL 数据模式的应用非常广泛，如谷歌的 Big Table(分布式数据存储系统)、脸书的 Cassandra(开源分布式 NoSQL 系统)、甲骨文公司的 NoSQL 等。虽然大数据的存储和处理已有了成熟的解决方案，但是在系统软件中占较大比重的操作系统却没有太大变化，一些重要的技术问题还没有解决，如操作系统对新兴计算资源的直接抽象的调度、分布式文件系统下的统一数据视图、全数据中心范围内的能耗管理、大数据下的安全性等相关技术还不成熟，需要进一步研发。

三、大数据与互联网

大多数研究大数据的商业公司都有明确的商业目的，即更好地支撑万维网（Web）服务，如谷歌搜索引擎服务、社会化网络服务（SNS）网站、新浪微博网站等。在大数据的驱动下，Web 服务可以提供更加流畅的网页交互体验和更加快速的社会资讯获取，让人们的日常工作和生活更加便捷，实现更加深入的人、机、物融合。

回顾一下 Web 的发展，Web1.0 时代的 Web 内容主要由网站服务商提供。Web2.0 时代，用户大量参与 Web 内容的生产，如博客和微博内容。Web3.0 时代，人、机、物将共同参与，使 Web 形成对真实世界的全面映射。

四、大数据对社会发展的影响

大数据用户行为反映其真实需求。一切行为皆有前兆，未来的不确定性是人类产生恐惧的根源之一，而大数据技术在一定程度上可以帮助我们预测未来。简单来说，大数据有帮助人们在各种数据中迅速获得宝贵信息的能力。在大数据时代，软件的价值表现为它所带来的数据的大小、流量和活性；企业的价值体现在它所掌握资料的大小、活性及其搜集、利用资料的能力等方面，而这一切都决定着企业核心竞争力的强弱。就国家层面而言，国家数字主权表现为对数据的拥有与支配。数字主权必将成为边防、海防和空防后的又一个大国博弈的空间。

（一）泛互联网化

泛互联网化是收集用户数据的一种低成本方式，能够为人们提供数据规模和数据活性。泛互联网化给软件的使用带来三个变化：跨平台化、门户化和碎片化。

1. 跨平台化

应用软件深度整合网络浏览器功能，使移动终端（手机、平板电脑）拥有相同的体验和协同的功能。

2. 门户化

用户无须启用其他软件即可完成绝大多数的工作并满足沟通需求，对于个性化的用户需求，可以直接调用第三方应用或插件来满足需求。

3. 碎片化

把原来大型臃肿的软件拆分成多个独立的功能组件，用户可以按需下载使用。

这三个特征的核心意义分别在于收集用户行为数据，提高客户黏性及降低软件总体拥有成本、改变商业模式。

（二）行业垂直整合，越靠近消费端的企业越有发言权

开源软件加速了基础软件的同质化趋势，而软、硬件一体化的趋势进一步弱化了产业链上游的发言权。大数据产业结构发展趋势有两个维度：第一个维度是大数据产业链，围绕数据的采集、整理、分析和反馈；第二个维度是垂直的行业，如媒体、零售、金融服务、医疗和电信等行业。

从这两个维度来看，大数据有三类商业模式：大数据价值链环节，专注于价值链的高附加值；垂直产业的大数据整合，利用大数据提高垂直产业效率；大数据使用者，提供大数据基础设置、技术和工具。

（三）数据成为资产

未来企业的竞争将是拥有数据规模和活性的竞争，以及对数据解释和运用的竞争。大数据已经成了企业与社会共同瞩目的重要战略资源之一，也成为人们竞相抢占的一个新热点。因而，企业必须提前制订营销战略计划，抢占先机。以数据为中心，可演绎为租售数据模式、租售信息模式、数据媒体模式、数据使用模式、数据空间运营模式及大数据技术提供商六种新型商业模式。下面简要介绍前四种模式。

1. 租售数据模式

简单来说，租售数据模式就是租／售广泛收集的、精心过滤的、时效性强的数据。

2. 租售信息模式

租售信息模式通常着眼于某一产业，大量搜集相关资料，对信息进行深度提

取和整合，是利用海量数据中心加专用传播渠道来服务某一产业的模式。这里的信息是指经加工处理并携带某种行业特征数据的集合。

3．数据媒体模式

把行业定位在媒体，运用数据挖掘技术来帮助顾客打开精准营销的大门，而企业的收益则来源于顾客增值部分的提成，这种模式就是数据媒体模式。该模式通常用来帮助银行和运营商等数据大户发展新业务。

4．数据使用模式

数据使用模式是把产业定位于特定行业，经过海量的数据支持，挖掘和分析数据之后预测出有关主体行为从而进行业务的一种模式。数据使用模式是根据大数据技术进行高收益、低风险经营，给企业带来了全新盈利的模式。今后会产生更多让能型数据让能业务模式，这些让能模式具有创新业务特质。该模式的主要成功要素在于保持资料的真实性与完整性，以及在适当时候对风险的分析。数据愈完善，风险愈低，对确保企业高收益就愈有利。

（四）数据管理成为核心竞争力

数据管理成了企业的核心竞争力并对企业的财务表现产生了直接的影响。随着“将数据资产作为企业的核心资产”理念深入人心，企业对数据管理有了更加明确的理解，把数据管理作为核心竞争力并不断发展，战略性地规划和利用数据资产就成了企业数据管理的中心内容。数据资产管理效率对主营业务收入增长率和销售收入增长率均有显著的正向影响；另外，对互联网思维下的公司来说，数据资产竞争力占据了相当一部分的份额，数据资产管理效果会对公司财务表现产生直接的影响。

（五）数据泄露事件频发

今后数年内，数据泄露事件可能以成倍的速度增长，除非这些数据能从源头上获得安全保障。可以这样认为，未来财富500强的公司都将面对数据攻击，而不管其是否进行了安全防范。如今的企业，无论规模大小，都需要重新审视安全的定义。财富500强企业大都将设立首席信息安全官。企业要有新举措才能保证自己和顾客的数据安全，一切资料从一开始就必须得到安全保障，安全防范并不是资料保存过程中的最后一环，单纯强化最后一项安全措施是无济于事的。

（六）数据生态系统复合化程度加强

大数据世界不仅仅是单一而庞大的计算机网络，它是由众多活动构件和多元参与者要素组成的生态系统，是由终端设备提供商、基础设施提供商、网络服务提供商、网络接入服务提供商、数据服务使能者、数据服务提供商、联系人服务、数据服务零售商和其他许多参与者组成的一个生态系统。如今数据生态系统已初具雏形，下一个阶段将进行系统内部角色的细分（市场的细分）、系统机制的调整（商业模式的创新）、系统结构的调整（竞争环境的调整）等，使得数据生态系统复合化的程度逐步加深。

五、云平台数据更加完善

企业越来越希望能将自己的各类应用程序及基础设施转移到云平台上。就像其他信息技术系统那样，大数据的分析工具和数据库也将走向云计算。

云计算可以给大数据带来怎样的改变？

首先，云计算给大数据带来了可弹性扩展且价格比较低廉的存储空间与计算资源，让中小企业同样能够像亚马逊那样借助云计算完成大数据分析。2013 年以来，大数据技术已经开始与云计算技术进行紧密的结合，二者的联系有望在今后变得更加紧密。在此基础上，物联网和移动互联网也会齐头并进，共同推动大数据革命的发展，使大数据营销产生更加重要的作用。

传统 IDC 在历史上一直是这样一种格局，互联网巨头也纷纷提供这类业务。但是最近网盘发展势头迅猛，在大数据视角下，各个商家都捕捉到了大数据的商业机会，并开始抢夺个人、公司等数据资源。海外 Dropbox（网络文件同步工具）、国内微盘等就是这类企业的典型代表。此类企业的发展追求是能够发展成为数据聚合平台并转变为多元化盈利模式。

从数据量上看，非结构化数据是结构化数据的 5 倍及以上，任何一个种类的非结构化数据处理，都可以重现现有结构化数据的辉煌。大规模、高速发展的企业可能会在语音数据处理、视频数据处理、语义识别、图像数据处理等方面崭露头角。

其次，云计算 IT 资源规模大，分布更广，为异构系统众多的公司提供了一种对数据进行及时和精确处理的强大手段，甚至可以说该手段是唯一手段。

当然大数据迈向云计算也依赖于数据通信带宽与云资源池的提升，保证原始数据能够迁移至云环境中，资源能够随着需求弹性拓展。

第三节　大数据的主体分类、应用及需求

一、大数据的主体分类

在日益发展的信息时代，人们的生活、工作已经离不开网络了，上网记录也成了数据。互联网中的大数据不易归类，百度将数据划分为用户搜索生成的需求数据和从公共网络中获得的信息；阿里巴巴将这些信息按照商业价值划分为交易、社交、信用、移动等。互联网大数据既可划分为互联网金融数据，也可划分为用户的消费、用户的地理位置、用户的行为和用户的社交。

从社会宏观的角度按使用主体的不同可以将互联网大数据划分为如下三种类型。

（一）政府的大数据

各级政府各机关掌握着大量原始数据，其中，有各种环保、气象、电力等生活数据，道路交通、自来水、房屋等公共数据，以及教育、医疗、信贷、金融等服务数据。若将这些数据联系在一起，让它们流动起来并对其进行全面的分析和有效的管理，那么这些数据就会创造出巨大的社会价值与经济效益。

现代城市凭借网络智能在向智慧化迈进，不论是智能电网还是智慧医疗、智能交通、智慧环保，都需要大数据来支持，大数据是智慧城市最核心的本钱。智慧城市的构建，大数据能够从各个方面为决策和智力提供支持。作为国家管理者，政府应逐步公开数据，供更多胜任工作的机构组织和个人进行分析和使用，为人类造福。

（二）企业的大数据

企业要想快速成长，要想盈利，要想维护顾客，要想传递价值，要想支持规模，要想提高影响力，要想为买家服务，要想提升质量，要想节约成本，要想战胜对手，要想打开市场，就必须要有数据作为支撑。企业要想为迅速增长的消费者群体提供差异化产品或服务并进行精准营销，就必须借助于大数据。网络企业要依托大数据进行服务升级和方向转型，传统企业也要在无所不在的压力下寻求改变，整合新技术并不断向前发展。

在信息技术不断发展的今天，数据已经成为企业最核心的资产与最基本的要

素，它已经成为一个行业，并壮大成了一个供应链模式，慢慢地链接成了一条贯穿始终的数据供应链。在互联网时代，外部数据之间相互自由连接的重要性已经逐步超越了内部数据的单一性，而单个企业内部数据则更难与互联网整体数据相比拟。综合所提供的数据，推动数据应用、推动数据整合加工的新型公司具有明显的竞争优势。

在大数据时代催生了极具影响力的互联网企业的同时，传统 IT 公司纷纷进军互联网领域，通过移动云计算和大数据技术对产品进行改进、对平台进行升级、对企业进行改造，两类企业之间相互学习、合作、竞争。

（三）个人的大数据

每个人都可以在互联网上建立自己的信息中心来对所有个人大数据信息进行累计、记录、收集和存储。按照有关法律，经本人亲自许可，一切与个人有关的信息都会变成宝贵的资料，由第三方收集后可迅速加工并得到个性化数据服务。运用信息技术的各类可穿戴设备（包括置入的多个芯片）均可通过感知技术获取个人大数据，其中包括但不仅限于体温和心率，视力和其他类型的身体数据，社会关系、地理位置和购物活动的社会数据。个人可选择向医疗服务机构授权让他们查阅身体数据以监控目前身体状况并制订私人健康计划；也可以授权专业金融理财机构让其看个人金融数据来做相关理财规划和收益预测。当然，国家相关部门也会对其实施法律许可的预防监控来维护公共安全和防止犯罪。

个人大数据严格受法律保护，其他第三方机构须依法经本人许可后方可使用，并对数据须进行公开、透明、综合的监督；收集个人数据应清楚地根据国家法律规定，收集内容和范围应由使用者自行决定；数据只能由用户明确授权才能严格处理。

二、大数据的应用

（一）大数据在个人生活上的应用

1. 在各类文化产品上的应用

如何利用大数据来提升数据价值、理解消费者需求、让生产出来的文化商品能够符合目标人群需求、增加利润空间已经成为无数文化企业研究的中心问题。

大数据在影视业的运用直接迎合了受众的需求。以往多是依靠导演、主演、制片人等的经验来拍摄影视剧。在许多情况下，投资要寻求社会关系的保障；播出要借平台靠品牌效应。而受众仅仅是客体，只会被动地进行鉴赏。大数据时代下的影视制作模式不断创新，播出模式也开始发生改变，导演对观众的需求有了直接的认识。在《纸牌屋》借助大数据技术取得巨大成功之后，影视业纷纷效仿使用大数据，甚至连亚马逊这样的知名网站都使用大数据技术拍摄自制剧。

将大数据运用于旅游业，对游客的倾向进行预测。在法国阿维尼翁艺术节中，大数据成了最热的词汇。为欢迎外国游客的到来，法国蓝色海岸大区旅游委员会与法国电信运营商共同利用大数据计算开展了研究，并对 100 多万名用户进行了数据分析，对游客游览路线进行测试，收集住宿情况，对游客人数进行测量，对用户电话进行定位，对停留时间进行计算，对游客活动范围进行测算，从而改进区域旅游发展方案，对酒店位置进行了调整并设计了不同的交付方式，以及为来自不同区域的游客设计了相关活动。这些做法迅速而切实地增加了地区收入并促进了服务质量。

另外，可将大数据运用到在线音乐平台上进行广告的准确投放。音乐服务商可通过网络对用户进行数据采集，为其寻找合适的音乐类型；找出不同地点和时段的用户，从而把握其兴趣爱好，这样就可以直接推送相应种类的广告使用户兴趣盎然。比如，若用户在周末下午听动感音乐，则电台就试着放广告让用户参与波多黎各探险；而若是星期一上午，在上班工作之前聆听激情音乐的网友可能会要求电台发布快乐巴黎之旅的广告。

艺术品市场还可将大数据运用于判断行情、评价变化、预测成交、增加成交等方面。大数据引领着艺术品市场的趋势和走向。艺术品行业所生产的大数据来源于用户交易、内容分析、物流渠道三个层面。艺术品数据公司收集艺术品交易记录并创建数据库，其中包含有关艺术家、经纪人和设计师的数据。签约用户可通过大数据对艺术品市场进行分析并预测其变化。比如，用户可选择艺术家的全部资料，创建一个流派指数，并由此组织交易数量随机变动。又比如，审视近 10 年来全球艺术品交易市场，运用大数据分析挖掘方法，测算出市场交易占比最高的作品为现代派艺术与印象派绘画，可见现代派与印象派已占据全球艺术品市场主流。

大数据也能运用于时装设计。大数据给时装设计带来了方式上的变革，也对时装行业产生了冲击。时装设计的成败往往依赖于颜色图案、形状面料和大小尺寸的恰当选择，这一切均可从大数据中搜集数据并进行趋势分析得到解答。

最后，大数据还可以应用在设计开发电子游戏上。如今不管是手机游戏还是社交游戏都已经将数据分析变成了开发中的首要一环，数据分析对整个流程起到了至关重要的影响。利用大数据对网络上每天活跃的用户数进行收集和分析并对游戏时间进行调整等，设计者既可以提高客户体验度又有助于减少新游戏进入市场所带来的风险，同时可以减免费用。比如，社交游戏第一次采用了大数据分析并扩大了游戏领域：某游戏公司在初期就关注客户体验并采取相应的应对措施，使用增值性调整来吸引更多的玩家并获取新的用户，获得了巨大的成功。该游戏公司在对其游戏产品进行数据分析和发行的过程中发现了新玩家不容易过关、游戏初级任务过于困难等问题，并适时对游戏关卡的设计进行了调整，在保留游戏魅力的前提下，化繁为简地完成任务、改进设计、成功地收获更多的玩家。游戏设计者想在发行前对游戏的趣味性进行事先评估，在过去是很难的事情，但是如今却能从大数据中了解到玩家的情况，提高级别设计、提升吸引力，因此游戏推行要靠持续的考验和持续的调整，这一过程要有玩家参与其中，更要靠大数据应用。

2. 在其他方面的应用

大数据被寄希望于社会生活各个方面，并改变着市民日常生活。

就卫生健康而言，为满足临床质量分析、医疗辅助决策、医疗资源分配、科研数据服务和个性健康引导等要求，必须构建全民医疗健康公共服务平台，健全覆盖所有病人的电子诊疗档案数据库，组建 PB 级医疗大数据以支持全体医师在线诊疗医疗平台；在食品安全问题上，食品安全形势仍然严峻，可通过数据管理、了解客户需求构建食品安全大数据平台；就全民教育而言，全民素质的提升、终身学习和继续教育等均需要教育大数据平台来为之服务；在智能交通中，可细化交通规划、完善交通方案、统筹跨部门管理、提供个性化服务、把握公众信息、全方位运用交通大数据、搭建服务平台等；从社会安全的角度来看，为了达到治安防控，保障反恐维稳，做出情报研判和协助案情侦破的目的，亟需构建一个融合安全管理的公共大数据平台；就科技发展而言，要支撑科技服务的数据整合、实现交互式服务、预测发展趋势和支撑战略决策等，就要探索科技服务链的融合和众包分包、采用供需对接交互式平台型服务模式、构建科技服务业大数据体系、全部资源共享、构建跨领域科技服务平台，以科技服务促进工程创新。

（二）大数据在企业发展上的应用

1. 在资源优化上的应用

不管是在工业、科研、金融、媒体还是在日常生活中，都有海量的数据被生产。大数据通过收集周围环境信息、构建数据库，在全球范围内分秒必争地创造海量数据。但是，重要的并不在于海量的资料本身，而在于利用它们我们能拥有哪些东西。数据共享能够给企业带来机会使得企业服务更加完善，获得透明和高效的发展并向客户提供个性化的服务。开展对大数据的规制是欧盟扶持大数据建设和促进欧洲经济发展迈出的第一步，欧盟委员会于 2018 年出台了《通用数据保护条例》以达到更低成本利用公共数据并通过简捷方式改善利用条件。

零售行业中同类产品之间的差别较小且具有可替代性，零售企业要想增加销售收入，必须向客户提供更优质的购物体验与客户服务，需添加特色商品、丰富当地商品种类、添加多种流行款式、缩短消费周期、利用计算机技术及多种通信技术理解顾客需求并快速响应消费需求变化。通过大数据分析，零售企业能够对上架产品进行仔细挑选，并提供样式新颖的商品来吸引客户；开展大数据分析、消费者行为分析、并对销售趋势做出判断和调整；定价时要有灵活的策略，要兼顾节假日、天气的影响；稳定收入源、了解消费群体、开展大数据预测，通过电话、网络和电子邮件等方式与顾客联系、收集数据并加以分析，以及提供与各类顾客特定购物习惯相结合的个性化服务，提升客户忠诚度。利用大数据技术，及时采集微博等社交媒体生成的海量实时数据并与市场销售数据融合，辅助企业决策，实现智能化发展，这有利于企业掌握市场发展趋势、预测顾客消费行为、制定更有效和更切实可行的战略。

每一个机构及组织都会对大数据进行分析，然后发掘出对顾客和社会具有重要价值的数据。银行通过对客户金融数据分析，能够进一步识别潜在优质客户、发现优质信用卡用户、增加还款比例、获得利润提升。交管部门通过对交通信息的融合，能够把握大局、摸清实况、较好地预判路面情况、优化管理措施、构建高质量和高效率的交通管理机制、基于大数据预测和解决交通拥堵。

2. 在高效分析上的应用

只有提出正确的问题并运用高效的分析工具对数据进行分析和处理，才能使数据产生重大价值，使有用的有关数据发挥其应有的作用，从而辅助我们进行决策，使大数据价值得以发挥出来。除了大数据分析的新技术，企业还需要新的人才，特别是分析人才（如数据科学家）。在人才需求剧增的今天，企业想要稳定发展就必须及早启动人才储备工作。数据与统计学密不可分，大数据时代对统计方法提出了更高的要求，统计分析也就显得更为重要。

传统统计学因资料收集、存储及分析费用昂贵，故尝试以最小量样本观测找出规律。而大数据时代则能够搜集生成的一切资料来分析被研究的现象。另外，从统计学的角度来看，我们在分析时还会考虑到那些和研究对象有内在关系的各种因素，如从某个借款者的信用状况来判断他是否有可能按期偿还。在大数据时代，人们考虑到了一些没有内在关系的数据，如借款人的头发和色彩、常用搜索工具和网络浏览器、打字习惯是大写或小写、常见拼写格式等，美国某金融分析机构利用这些大数据信息对客户行为进行预测。

（三）大数据在政府社会服务上的应用

1．在政府部门间合作上的应用

政府在人口、卫生、交通、税收，以及医疗、城市规划等各方面都拥有海量数据，但有些部门之间各类数据却不能有效融合，海量的部门数据还在固化中，这些信息孤岛给政府调度带来了不便，为群众服务带来了困难，限制了办事的进展，数据活力也无法被有效激发。

政府部门掌握着来自社会各个领域的各类大数据，对于数据的收集和存储有着天然优势。然而，大量的政府信息分属不同的单位和部门，部门之间也存在着不同的数据类别，它们之间存在着彼此孤立的情况，从而产生了数据割据，针对这些庞大的资料，各个部门若没有充分利用资料，仅局限于收集分类、单纯统计分析，缺乏资料整合与深入挖掘，则难以获取社会价值等。大数据在政府部门之间的协作中得到运用。一方面政府有正式而专业的各级统计部门，干部队伍庞大，在经济社会各领域都掌握着海量的资料；另一方面政府工作与民生息息相关，在相关日常行政管理过程中积累和存储着与社会生活息息相关的各种数据。同时政府也可根据特定的需要直接向事业单位、企业和行业协会等主动索取各类资料。

2．在公共服务上的应用

当前中国大数据的应用以科研学术领域与工业商业领域为主，但可预见，大数据时代会给政府带来转型与职能转变，带来全新的发展契机，这一时代潮流将改变公共服务方式并对服务体系建设产生影响，这就要求政府部门必须超前谋划和布局。

公共服务运用大数据以构建和完善导向机制。目前公共服务对象很难明确且种类繁多，兴趣爱好不一，这就需要政府在提供服务时不应该千篇一律，避免针对性不强，导致资源浪费。公共领域依托大数据分析技术系统采集信息、分析民众需求、提供针对性服务、实现网络推荐和效果评价等，反馈机制的建立既可以提高公共服务效能又可以增加群众满意度。

将大数据技术运用到市政管理当中，有利于优化资源、高效利用行政资源、推动政府发挥最大支出效益。大数据为执法和经济规划提供了帮助，在防灾、灾后的恢复中也一样能一显身手。大数据可用于预防犯罪，执法人员可在犯罪行为发生之前就做出预测、监测、提前防范、先发制人。

就反恐和国防安全而言，大数据助力国家安全保障能力的提升。将大数据技术运用到各个部门存储的各种信息自动分类、处理和分析中，从而有效地预测和改进情报不足问题，有利于侦察系统的更新和国家安全保障能力的提高。

大数据的挖掘能够有助于政府决策质量的提升和决策科学性与高效性的发挥。例如，日本大地震发生短短 9 分钟后，美国国家海洋和大气管理局（NOAA）便公开发布清晰海啸预警，紧接着通过计算机分析和判断海洋传感器收集到的实时数据，制定出一套完善的应急方案并在 YouTube（油管）和其他网站上公开发布所设计的海啸影响模型。

三、大数据的需求

当前企业数据中非结构化的数据已经成了主流数据。在企业信息技术架构下，结构化数据与非结构化数据所占比重越来越大。

表面上看，企业对数据分析的要求一直存在，而数据既不是一场理论革命也不是一场技术革命，而是一场改革，这一改革表明企业对数据应用提出了更高的要求，并将其提升至一个全新的发展阶段。现阶段，企业不仅对数据的处理速度要求更快，对数据类型的要求也将更高；不仅需要对结构化数据进行处理，还需要对非结构化及半结构化数据进行处理。最关键的问题在于企业如何将这些数据提升到战略资源的高度，并运用它们来增强其市场竞争力。

大数据最核心的价值是帮助用户在海量结构化或非结构化大数据基础上使用全方位方法或数据分析手段进行分析，挖掘新业务模式、打造一些商业发展新机遇、挖掘新的潜在用户。

对于当前大数据应用的可能性，就产业应用特征而言，大数据技术在互联网、电信、制造、医疗和金融流通等几个产业中契合程度最高；从应用需求分析来看，互联网、制造、医疗、政府、能源、教育和快消品产业与大数据技术契合程度较高，大数据在这些产业中将具有相对较大应用前景。

在互联网行业中，除社交和商业零售业务外，类似于线上音视频业务、广告监测和精准营销也是大数据未来可能应用的场景。在电信行业，实时营销、线路监控、新业务挖掘也将成为未来更具有发展潜力的大数据应用场景。在金融行业，信用卡、防欺诈和电子支付业务对大数据则有着更高的要求。供应链优化、产品研发和仓库监控是今后制造行业运用大数据比较广泛的几个方面。

此外，并不一定规模较大和业务量较多的公司才会对大数据产生较为急切的使用意愿，反而部分中等规模公司对大数据有关技术使用意愿较高。

另外还要建设大数据创新体系、组建大数据产业联盟、实施技术创新战略、建立数据科学方向国家重点实验室、成立数据工程技术研究中心等，为了实现大数据产业应用，产业技术创新战略联盟这一纽带推动形成多个主导大数据产业技术创新发展的企业联合实体。企业联合实体在合同的保证下，将产学研用等各方面的资源进行有效的整合，从而达到技术创新和适应市场刚性需求的目的，开发具有自主知识产权的产品，适应国内外市场行业发展需要的应用技术并制定行业标准和产品规范。

大数据有助于我们建设信息社会，更好地理解社会、服务大家、辅助决策。当前数据人才匮乏，就业市场特别需要经验丰富和知识储备丰富的人才。在日常生活中，人们不应简单地根据感性经验来做出决定，而是要利用数据来进行分析，医生要根据大数据分析来选择合适的治疗方案；学校及教师有必要通过大数据分析教学案例，合理组织教学并完善教学方法；无论是公司还是企业都要学会运用大数据分析的方法来打造新的产品、给顾客提供新的服务；政府完善政策，更需基于大数据分析。当数据规模较大时，就更有必要对海量数据进行采集和有效分析以达到以上目的。

第二章　档案管理工作概述

档案管理学以研究档案管理为主，包含档案管理工作的原理、原则、技术和方法，是一门理论性与实践性相结合的应用学科。在考察档案科学管理的过程中，要求对档案相关概念进行深入了解。研究分析档案的发展历程、档案的分类、档案的工作内容与性质，以及档案的基本要求与工作意义等问题，对初步认识档案管理有重要意义。本章对档案管理相关工作进行阐述，分析档案的形成与发展、档案的分类、档案工作的内容与性质，以及档案工作的要求与意义等。

第一节　档案的形成与发展

一、档案的形成

学术界有关档案的形成有下列三种观点。

第一，文字在原始社会末期之后产生，随着国家的产生，就可以用文字记录国家的各项事由，由此形成档案。该观点称为阶级社会产物论，又称国家条件说。

第二，原始文字在原始社会末期之后产生，原始部落用原始文字记录国家事务，形成了最初的档案。国家产生之后，就有了井井有条的档案。

第三，原始社会的结绳和刻契称为最古老的档案，而自文字和国家产生之后，才有了井然有序的档案。

后两种观点称为原始社会产物说。

由此可见，档案不是历来就有的社会现象，是人类社会随着生产的发展、记录符号的发明和使用逐步形成的。

二、档案载体与名称的发展演变

中华民族历史悠久、勤劳智慧，创造了光辉灿烂的中华文明。中华民族在创造中华文明进程中形成的年代久远、数量浩瀚、内容丰富、价值珍贵的档案资源实为世所罕见。档案载体多姿多彩，从甲骨、金石、简牍、缣帛到纸墨文书，经历了长期的发展演变。随着社会的不断进步，档案载体也在继续发展。

（一）甲骨档案

甲骨档案主要是指把人类的社会活动契刻在龟甲或其他兽骨上而形成的数量庞大、内容丰富的档案。商代的甲骨档案距今已有3300多年，其总量在15万片以上。殷商时期，人们无论打仗、出巡、祭祀、狩猎、畜牧、农耕，还是发生了灾害、疾病，都要在神庙用龟甲或兽骨占卜吉凶。将占卜的时间、占卜人的姓名、所问事项及事后结果，都刻在甲骨上，并且集中存放在宗庙内保存起来，这就是甲骨档案。甲骨档案集中出现于商代，且迄今保存的甲骨文，大多数是从盘庚迁殷至商亡的273年间遗留下来的。甲骨档案记录着商代的政治时事、军事纪律、经济发展和社会生活等，是我国宝贵的古代文字资料记载，也是研究商代历史的珍贵史料。

（二）金石档案

金石档案包括金文档案和石刻档案。

金文是篆刻在金属彝器上的一种文字，也指铸刻在青铜器上的文字，因此，也被称为钟鼎文。随着社会的进步和文明的发展，甲骨档案逐渐退出了历史舞台。历史上，青铜器在西周时期处于发展鼎盛时期，其金属冶炼技术相当高明，且遍布全国各个地方，这也为金文的发展奠定了坚实的基础。随着周代奴隶制的发展和疆域的不断扩大，国家统治权力不断增强，社会实践活动的多样化发展，周代的很多青铜铭文已经具备档案的性质。钟鼎彝器中作为记事和凭信的金文，在档案学上称为金文档案。周代金文档案内容相当广泛，包括祀典、册命、赏赐、志功、征伐、诉讼和契约等各个方面的事迹。

石刻档案是随着金属工具的使用及其他社会背景而产生的。自秦汉以后，随着铁器时代的发展，秦汉统一帝国的活动越发频繁，越来越多种类丰富、内容多样的石刻档案开始盛行，其中记载了帝王巡视、狩猎、宣扬功德，以及社会生产生活、文化活动、社会重大事件等，还有皇帝颁发的政令、宣布的法纪等。以石刻形式宣告重大事项，其所传知的范围较广，也便于流传，因此，这种形式一直到明清时期，甚至民国时期都有见到。

过去人们所说的金石档案主要包括铁券、金册等以金属为载体的档案记录，以及详细记载达官贵人接受封赏的档案。我国博物馆中还保留了古代称为“铁拳”的实物。例如，清朝时期颁发给五世达赖和十一世达赖的金册，这些金册无论是过去还是现在都被视为极其珍贵的历史文物档案。

（三）简牍档案

金石档案坚固耐久，但制造成本较高、整体较笨重，因此不便传递。所以，从商周到东晋，尤其是从周代到汉代这1000多年，人们大多是用竹片和木片记录事项、保存档案的。竹片称“简”、木片称“牍”，把若干竹片或木片编在一起叫“策”（册，古时“策”与“册”二字相通），通常称作“简策”“简牍”“简书”。20世纪30年代在内蒙古自治区境内就发现了一万多枚汉简，也就是历史记载中的“居延汉简”。1996年10月，在湖南长沙发现了三国孙吴纪年简牍（简称吴简）十余万枚，超过中国历年出土简牍数量的总和。这批吴简将当时人们的生活和社会经济的发展进行了详细记录，尤其对研究三国时期的政治法度、社会生活和经济发展有重大参考价值。

（四）缣帛档案

随着社会生产力的发展，虽然简牍自秦汉之后在社会生产生活中仍被广泛使用，但以丝织品记录重要事项的方式逐渐普及。缣帛作为一种新出现的记载文书的方式比竹木简牍更加先进。秦始皇处理公文有“日读一担”的记载，即一天要看100斤文件，由此可想而知，秦始皇在处理公文时有多不方便。

帛是丝织品的统称，缣指双丝的细绢。缣帛档案通常用精制的丝绸作为记录重要事项的载体，因其轻便柔软便于妥善保管，故在战争年代多用于传达重要军事情报。目前在长沙楚墓已经出土的缣帛档案中，有隶属于战国时期的古代文书。此外，汉墓中也陆续发现了很多帛书，其中，我国迄今为止最早的舆图档案便出土于汉墓之中，这也是世界上已发现的最早的地图。

（五）纸质档案

缣帛档案固然有其当时历史条件下的优点，但缣帛价值昂贵，无法推广使用。随着我国社会经济、政治文明的发展，中华民族运用自己的聪明智慧在汉代就发明了造纸术，使得之前出现的众多文献载体发生了巨大变化，造纸术的发明也是文字、档案记载历史进程中的重要变革。造纸术的发明与运用对人类文明有着巨大贡献。东汉时期我国人民就发明了纸张，但是纸张完全替代竹木和缣帛在日常生活中的运用是在魏晋南北朝时期。到了唐、宋，用纸更为普遍，加上印刷术的出现，纸张被广泛应用于写文书。我国现存最古老的纸质档案是西晋文字家陆机（261—303年）所写的《平复帖》，它也是世界上现存历史最久的纸质档案。

（六）音像档案

音像档案是随着现代科学技术的进步产生的，也被称为声像档案或视听档案。音像档案以视觉、听觉和视听综合的形式为主，其中主要包含唱片、照片、影片，以及录像带和录音带等。比起纸质档案，音像档案在人们日常生活中的使用更具直观性。例如，照片档案以可视化形式进行场景的记录；录音带则以听觉为主，再现语言与音乐；影片和录像带则可以记录人物与事件、环境与氛围灯。音像档案已经可以作为一个时代里真实记录社会活动的载体。但除照片档案外，大多音像档案不能直接阅读，需要借助相应设备才能读取。社会实践活动的丰富和科技手段的提高，使音像档案的数量越来越多，作用也越来越大。音像档案的载体分为磁性材料、感光材料和其他合成材料，其成分之复杂，质地之脆弱是音像档案载体的主要特征。音像档案载体相较于纸张容易受光、热、温度和污染物等环境的影响，从而导致音像信息的失真、减弱甚至消失，因此，音像档案的保管方式和要求较高，通常需要专业的设备与技术，以及装具或专用库房。

（七）电子文件（电子档案）

电子文件是伴随计算机技术的发展而产生的一种新型文件。有关电子文件的定义，目前学术界还没有统一的定论。在我国档案行业标准《档案工作基本术语》中对电子文件进行了阐述，认为电子文件是以数码形式记录于磁带、磁盘、光盘等载体，依赖计算机系统阅读、处理并可在通信网络上传输的文件。而在电子环境中，文件与档案之间并没有清晰的分界线，且目前电子文件还未具备完全的法律效力，也就是说，电子文件还不具备与档案等同的法律地位。但是档案馆对电子文件的认可并不能等上述问题得到解决后再接收电子文件。所以，将可进行接受与保管的电子文件形式的“档案”称为“具有档案性质的电子文件”。此外，电子文件的特征和传统纸质文件完全不同，其特征主要包含：信息存储的高密度性、信息的非人工识别性、信息系统的依赖性、信息与特定载体之间的可分离性、多种信息媒体的集成性、信息的可操作性。电子文件的上述特征意味着保存与管理电子文件要用区别于传统档案管理的方式。随着计算机网络系统的发展，电子文件在人们日常生活中的使用范围越来越广泛，电子文件的出现给档案管理工作和档案学研究提供了新的突破点。

第二节　档案的分类

一、广义的档案分类

档案分类是以一定分类依据为标准，根据档案的来源与时间、内容和形式等特征进行分类的过程，并组成一定的体系。广义的档案分类有三个层次：一是档案概念分类；二是档案实体的馆（室）藏分类；三是档案内容信息分类。

（一）档案概念分类

档案概念分类通常称为档案种类划分。以档案的属性和管理需求为主，根据不同标准对档案进行划分。

1．按来源划分

按照档案的来源即形成者，将档案分为国家机关档案、党派团体档案、企业档案、事业单位档案、个人档案等。

2．按产生领域及内容划分

按照档案的产生领域及内容，可将档案分为文书档案、科学技术档案、专业档案。文书档案指反映党务、政务、机关事务管理等活动的档案。科学技术档案指反映科学研究、生产营运、项目建设、设备仪器及其管理等活动的档案。专业档案指特定活动领域的档案，如会计档案、人事档案和户籍档案等。

3．按载体形式划分

按照档案载体形式对档案进行划分，可分为原始型档案、传统型档案和新型档案三类。原始型档案主要指以甲骨、金石、简牍、缣帛、泥板、羊皮、纸草、棕榈叶等材质为载体的档案。传统型档案是指以纸张为载体材料而制成的档案，即纸质档案。新型档案是以感光材料和磁性材料等新型材质为载体的档案。

4．按形成的时间划分

按照档案形成的时间，可将档案分为古代档案、近代档案和现代档案。

5．按所有权划分

按照档案的所有权，可将档案分为公有档案和私有档案。

（二）档案实体的馆（室）藏分类

档案实体的馆（室）藏分类简称档案实体分类，或直接称为档案分类。档案实体分类主要指以档案来源、时间和内容等为主，对档案进行分类的过程。该分类有两个层次，即档案馆级的分类和档案室级的分类。

1. 档案馆级的分类

档案馆级的分类是指对一个档案馆内全部馆藏档案的分类。我国档案馆的档案是按照全宗和非全宗形式进行分类和保管的。文书档案将全宗作为科学管理的基本单位；科技档案将工程项目、产品型号、科研课题、专业性质、地域特征等非全宗形式作为科学管理的基本单位。

2. 档案室级的分类

档案室级的分类主要有全宗内档案和非全宗档案。全宗内档案分类的标准主要有档案的形成时间、来源、内容和形式等。非全宗档案分类的标准主要有工程项目、产品型号、科研课题、专业性质、地域特征等。

（三）档案内容信息分类

档案内容信息分类是指以国家机构和社会组织为主，以档案所反映的内容记录和事物属性为依据，对档案信息进行分类。

二、国家全宗档案的分类

全宗档案往往根据档案的形成时间、来源和内容等进行分类，构成一个有机体系。分类过程中应正确判定文件所属年度和机构。常用的档案分类方法有如下几种。

①年度分类法。以形成和处理文件的年度为标准，将档案分成各个类别。

②组织机构分类法。根据文件处理阶段和处理文件的承办单位进行分类，即按照立档单位的内部组织机构将档案分成若干类别。

③问题分类法。以文件内容所涉及的问题为根据，将档案分成各个类别。

将上述三种分类方法和保管期限进行结合，由此形成下列分类方式。

①年度－组织机构－保管期限分类法。先将所有的档案按照年份区分开来，然后以每个年度为单位，依据组织机构进行分类，再在组织机构下按保管期限划分。

②保管期限－年度－组织机构分类法。先将归档文件按照保管期限进行分类，然后对相应保管期限下的文件根据年份分类，再以年份为主按照组织机构分类。

③组织机构－年度－保管期限分类法。先将归档文件依照组织机构进行分类，再在组织机构下以年份为依据进行分类保管。

④年度－问题－保管期限分类法。先将归档的所有文件按照年份进行分类，然后对每个年份下的档案依照问题进行分类，最后按照保管期限进行再分类。

第三节　档案工作的内容与性质

档案工作包含档案管理和档案事业活动两方面内容，落实到具体工作中主要指档案管理工作、档案行政管理工作、档案教育工作、档案科学研究工作和档案宣传工作等。档案管理的过程主要包含档案的收集、整理、鉴定和统计等，即档案室和档案馆所从事的档案业务工作。人们通常所说的档案工作指档案管理工作内容，属于狭义的范畴。档案工作具有管理性、服务性和政治性。

一、档案工作的内容

（一）收集档案

收集是指档案馆（室）接收或征集档案和其他有关文献的活动。通过收集使分散的、数量繁多的档案集中起来，便于档案的科学保管和有效利用。

（二）整理档案

整理是指按照一定的原则对档案实体进行系统分类、组合、排列、编目，使之有序化的过程。通过档案整理工作使成分复杂的档案条理化、系统化，利于档案的保存和使用。

（三）鉴定档案

鉴定指以既定的原则和标准为主，对档案的真伪和价值做出判断，并确定保管期限及决定档案存毁的一项工作。通过鉴定工作，去粗取精，剔除失去保存价值的档案，使档案保管机构的人力、物力和财力能够充分发挥作用。

（四）保管档案

保管是维护档案的完整与安全的活动。其基本任务有两个：一是维护档案实体的系统性，使库藏档案始终有序；二是保护档案实体，最大限度地减少人为或自然因素对其的损坏，延长档案的寿命。

（五）检索档案

检索是指存储和查找档案信息的过程。档案检索工作将档案信息运用一系列方法进行加工处理，形成各种检索工具，供人们寻找所需档案。

（六）编研档案

编研是指在研究档案和社会需要的基础上，按照一定的题目、体例和方法编辑档案文献的活动。通过档案编研工作，可以满足更多利用者的利用需要，让档案信息以编研成果的形式长远流传下去，以延长档案原件的寿命。

（七）利用档案

利用又称利用服务，指人通过阅读、复制和摘录等方式对档案进行使用的活动。档案得以利用是档案管理工作的最终目的，通过利用可以使包含在档案中的凭证价值和参考价值得以发挥和实现。

（八）统计档案

统计是指对反映和说明档案及档案工作现象的数量特征进行搜集、整理和分析的活动。通过档案统计工作，不仅可以为整个档案管理工作提供真实可靠的原始数据、基本事实，让人们对档案及档案工作做到胸中有数，而且可以为档案工作决策提供强有力的信息支持，保证决策的科学性。

二、档案工作的性质

（一）管理性

档案工作以档案和档案事业为主要管理对象。档案工作的顺利进行必须以一套科学的、系统的工作原理和管理技术为前提，才能对复杂的档案工作进行研究与管理。

档案工作是各项工作的重要组成部分，任何一项管理工作都离不开档案工作。

（二）服务性

档案工作是一项提供档案信息，服务于社会方方面面的工作。服务是档案工作中的基础。

档案工作者应当树立服务意识，掌握服务技能，完善服务条件，提高服务质量，积极为社会建设做出贡献。

（三）政治性

档案工作承担着为党管档、为国守史、为民服务的重要职责，具有鲜明的政治性。档案工作的机要性也是档案工作政治性的表现之一。

档案工作者必须做维护历史真实面貌的楷模，实事求是，并积极地提供档案用以编史修志，用档案印证历史，校对历史。

第四节　档案工作的要求与意义

一、档案收集工作的要求与意义

（一）档案收集工作的要求

1．丰富和优化馆（室）藏

丰富和优化馆（室）藏要求在收集档案时做到以下四点。

（1）数量充足

所谓数量充足，就是要求各级各类档案保管机构尽量补充档案数量。就现状来看，我国的档案虽然在总数量上不可胜数，但在人均占有量上并不高。这与我国的悠久历史和社会的需求不相适应，因此，应想方设法丰富档案馆（室）藏。

（2）质量优化

所谓质量优化，就是指所收藏的档案要达到一定的质量标准，具体包括两个方面。一方面是档案本身的内在质量（完整性、准确性、规范性）和外在质量（档案载体及书写、印制材料应符合长期安全保管的要求）；另一方面是档案整理的质量，只讲数量，不讲质量的收集是没有价值的。必须保证所收集的档案在将来有人使用，必须在增加数量的同时符合国家的相关标准，否则，就会出现档案数量多了，但可供人利用的档案数量却少了的反常情形。

（3）门类齐全

所谓门类齐全，就是指档案保管机构应收集各种门类的档案。在收集中不仅要收集文书档案，也要收集科技、专门档案；不仅要收集纸张载体的档案，还要收集声像、照片、电子等各种载体形态的档案。否则，档案保管机构所保管的档案就会因门类或载体的单一而缺乏吸引力。

（4）结构合理

所谓结构合理，就是指档案保管机构对收藏档案的来源和档案内容相关事项进行合理布局。档案馆（室）的档案既要有一般性的材料，也要有各具特色的材料；既要有领导机关的材料，也要有基层单位的材料；既要有宏观材料，也要有微观材料。在收集时，既要收集档案，又要收集如报刊、地方志、传记、年鉴、回忆录、文件汇编、成果汇编及其他书刊等资料。

2. 加强对档案馆（室）外的调查和指导

档案室必须进行调查研究，掌握本单位文件的形成规律和特点，制定归档制度，明确接收档案的范围、时间、数量与质量要求。档案馆应从本馆的性质与职责出发，对相关国家机构，社会组织，个人职能、地位、任务，以及形成档案的种类、内容、保存价值、数量、整理和保管等情况进行调查研究，确定应移交档案的范围、时间、数量、质量要求和手续。

在接收前，档案馆（室）应加强对有关部门档案工作的指导，以保证所收集的档案的质量与价值。

3. 积极推行入馆（室）档案的标准化

积极推行入馆（室）档案的标准化要求在收集档案时控制好档案的质量。只要能反映本机关主要职责与活动、具有保存意义的档案，均应收集齐全完整；入馆（室）档案必须以全宗为单位进行整理；入馆（室）档案必须是经过鉴定的，保管期限必须准确无误；档案整理（分类、组卷、排列、编号、编目、装订等）规范；所采用的档案包装材料必须符合国家的相关要求，所编制的检索工具应符合档案工作要求，在利用档案时能做到有目可查；归档材料中有电子文件的，应当与相对应的纸质文件一并存档；属于非光盘形式的电子文件，应当转换成光盘储存形式的电子文件。档案工作的标准化应该在收集时就着手推行。

4. 保持全宗不可分散性

全宗就是一个立档单位形成的全部档案，一个单位的多个事项之间有密切联系，因此，在事项中形成的文件材料之间也存在某种特定联系。为了确保文件的完整，在收集档案时必须坚持全宗不可分散的原则，一个单位形成的档案应集中到一个档案室，不能人为地分散处理。

（二）档案收集工作的意义

档案收集工作是整个档案工作中极为重要的一个环节，是档案馆（室）的一项重要的基础性工作。做好档案收集工作，对于加强国家档案资源建设、丰富馆

（室）藏、优化结构、建立健全“三大体系”、统筹推进“五位一体”总体布局、提高档案馆（室）服务水平，有着重要意义。

1. 档案收集工作是档案工作的前提条件

没有档案收集工作，就不可能有完整的档案，也就不可能有健全的档案工作。收集是档案馆（室）取得档案的一种手段。档案收集工作是档案工作的起点，它为档案工作提供了物质条件。

2. 档案收集工作是维护党和国家历史真实面貌的必要手段

档案馆（室）的收藏综合反映了特定地区、特定部门在政治、经济、科学和文化等方面的情况。档案的收集与整理工作可以获得档案相对全面、丰富的内容，并及时对档案进行补充和接收，将存在于个人、组织和机关等手中的档案收集补充至档案馆（室）中。档案也是历史面貌的真实反映，其贯彻执行了党的路线、方针和政策，因此档案的收集是一项具体、严谨的工作内容，其重要性不言而喻。

3. 档案收集工作为加强档案馆（室）建设奠定物质基础

如果档案数量无法达到一定程度，那么档案馆（室）就无法顺利开展利用工作。如果档案馆（室）的馆藏种类不全面，就难以满足社会方方面面的需求，也无法满足各类人员对档案利用提出的各种要求。档案的编撰研究要求档案馆（室）馆藏种类丰富、齐全的档案。档案馆（室）的其余日常工作也需要在馆藏丰富的前提下进行。

总之，只有做好收集工作，才能使馆藏丰富，材料齐全，为档案馆（室）各项业务建设和提高档案工作科学水平奠定必要的物质基础。

4. 档案收集工作促进档案学理论发展，推动档案工作现代化的实现

档案馆（室）作为保存档案的重要地方，对一个国家来说有不可替代的作用。如果档案馆（室）的馆藏种类较单一，就无法为国家和党的发展提供丰富的信息来源和实践依据，也无法为档案学理论的研究提供基础。相反，如果档案馆（室）馆藏种类全面、丰富，那么可以更好地推动档案学理论的发展。

由此可见，档案馆（室）丰富的馆藏是推动并提升档案工作现代化的重要前提。要实现档案工作的现代化，最基本的是要有丰富的馆藏和对现代化建设的迫切需要。馆藏丰富，利用者便如鱼得水，这无疑会对实现档案工作现代化产生重要的推动作用。

二、档案整理工作的要求与意义

（一）档案整理工作的要求

档案整理工作有三个重要原则：第一，文件之间必须保持一定的历史联系；第二，以尊重档案原有的整理成果为前提；第三，档案要便于保管和利用。

1. 保持文件之间的历史联系

文件之间的历史联系是指文件在产生和处理过程中所形成的内部相互关系。保持文件之间必要的历史联系是档案工作顺利进行的根本原则，可以让档案反映其形成者的历史面貌。文件之间的历史联系主要表现为以下四个方面。

（1）文件在来源上的联系

档案文件来源通常是个人、组织或社会的档案来源。来源于同一组织或同一类型的文件之间有必然联系。

不同来源的文件反映不同形成者历史活动的面貌，在整理档案时必须保持文件在来源上的联系，而且，不同来源的档案不能混在一起。

（2）文件在时间上的联系

文件的时间一般是指其形成的时间。不同时间的活动，所形成的文件先后有序；来源于同一时期、同一阶段活动的文件，其之间有固定的联系。因此，档案整理工作就必然要以这种联系为基础，形成活动的连续性、阶段性和统一性。

（3）文件在内容上的联系

档案文件内容是档案所涉及的主要事务。涉及同一个事务、活动和问题的文件之间有特定的联系。因此，在进行档案整理工作时，要以实践活动的线索为主，所整理的文件必须反映活动的基本情况，以便于查找利用。

（4）文件在形式上的联系

文件形式是文件存在的载体、文种或表达方式。不同形式的文件往往具有不同的作用、特点和管理要求，可承接不同的任务，反映一些特定的工作关系。在整理档案时，文件之间在形式上保持一定联系，可以便于文件的保存与管理，以揭示文件重要的价值和意义。

2. 充分尊重和利用档案原有整理成果

档案管理者要在利用档案原有信息的前提下，充分尊重、理解并分析前人对档案整理所形成的逻辑，切忌轻易否定档案之间的联系。需做到以下几点。

①当原有整理成果基本可用时，应维持档案原有的秩序状态。

②如果某些局部整理成果明显不合理，那么可以在原来的整理框架内进行局部调整。

③假如对原档案的整理成果无法进行高效、方便的管理，那么可以用新的整理方法进行整理。

3. 便于保管和利用

便于保管和利用是档案整理工作的出发点和目的，也是检验整理工作质量的标准。在整理档案时，档案之间的必然联系和便于保管与利用是同步进行的，但是在特殊情况下，二者之间会发生一定矛盾，就需要多方面考虑，以保持文件之间的必然联系为基础，运用分类整理的方法，使档案便于保管和利用。

（二）档案整理工作的意义

1. 档案整理为实现档案价值创造有利条件

档案保存是为了在需要的情况下可以提供方便、及时、系统的档案服务。出于这样的目的，档案就需要以系统、科学的方法进行管理。没有经过整理和系统化的档案，就无法体现档案的历史性特征，也无法反映档案背后的历史活动，就会影响以致失去档案的利用价值，不便于进一步查考研究问题。档案整理工作的基本目的，是把档案组成一个体系，通过编目使其固定下来，为利用档案提供方便条件。

2. 档案整理是开展其他档案业务活动的重要基础性工作

档案整理可以为档案的使用和管理提供便利，也可以为整个档案馆（室）档案工作的进行奠定良好基础。档案管理涉及纷繁复杂的多个程序，首先是档案的收集工作，其次是档案的整理，这是整个档案管理工作的关键所在，以便后续更好地利用档案。档案的整理工作要求从繁杂的档案材料中可以准确掌握档案之间的内在联系，统筹档案材料的全面考察，进一步提高工作质量，提升工作效率。档案收集与整理工作完成后就需要对档案进行深入的了解与检查，这在一定程度上可以促进档案收集工作的进行，进一步完善、查漏补缺。在整理档案的过程中，需要结合档案的价值与鉴定，确定档案的价值类别，以进一步划分档案的保管期限，整个过程要求对档案要有全面、系统的检测和分析。档案整理之后，要对档案进行保管、统计并检查，从而使编制后的档案检索工具和参考资料有依据。

3. 档案整理是实现档案管理现代化的要求

运用现代化的档案管理方法，就需要对档案实体进行整理，使之达到一定的系统化程度。例如，计算机库房管理系统、编目系统都需要以档案实体的一定体系为基础，档案数字化、信息化、缩微化更要求档案原件系统有序、具有有机联系的档案达到相对集中。档案管理的现代化，也需要以档案的系统整理为基础。

三、档案鉴定工作的要求与意义

（一）档案鉴定工作的要求

1. 应从国家和社会的整体利益出发判定档案的保存价值

档案价值鉴定工作是一项直接关系到一个国家和民族的社会历史记忆能否得到有效维护、传承和保护的重要工作，应从国家和社会的整体利益出发，科学地组织和开展。那种只考虑本单位利益，而忽视国家和社会整体利益的档案价值鉴定思想是十分有害的。因为，每个立档单位之所以会保存档案，其直接的动力来源是为本单位业务工作的可持续进行留存足够的业务活动证据和法律所要求的证据，同时也为保证本单位业务活动的健壮性，留存具有参考价值的文件和记录。

但是，随着时间的流逝和立档单位的业务发展，原来留存的档案会逐渐失去其业务证据价值和业务参考价值，这时立档单位继续保存这部分档案的“原动力”就不存在了。如果一个组织只顾及自身的利益，而缺乏国家、民族的整体利益意识，那么必然的结果就是使整个国家和社会的历史记忆不断流失。为此，在开展档案价值鉴定工作时，尤其是在对保存期满的档案进行定期鉴定时，各立档单位和国家档案管理部门只有遵循从国家和社会的整体利益出发判定档案的保存价值的原则性要求，才能保证我们的国家记忆、民族记忆、社会历史记忆的相对完整性，才能保证我们民族文化的长久传承和发展。

2. 应采用全面的观点指导档案价值鉴定工作

不谋全局者，难以谋一域。所谓用全面的观点指导档案价值鉴定工作，从立档单位角度看，就是在判定档案保存价值时，应全面分析影响档案保存价值的相关因素，综合判定档案的保存价值；从社会角度看，就是在判定档案保存价值时，应避免只从一个机关、一个部门（机构）或个人的需要出发去开展价值鉴定工作，而应从社会的需要出发去开展工作。档案工作的整体管理，需要以全面、系统的观点统筹档案价值鉴定工作，这也是实现整个国家档案资源体系建设整体优化目标的需要。如何有效地消除全宗之间的档案重复留存问题，关键的解决办法之一就是在档案价值鉴定工作中切实采用全面的观点，通过有效的整体控制手段和措施来实现。

用全面的观点指导档案价值鉴定工作，有助于档案价值鉴定人员从整体上把握和认识有关全宗、类别（系列）、案卷的保存价值，避免孤立地判定每一份文件的保存价值。

3. 应采用历史的观点指导档案价值鉴定工作

档案是历史记录，具有鲜明的历史时代性特征。只从现实需要出发判定档案保存价值的思想和行为，会给人类社会档案记忆的完整性和连续性造成极大的损害。在鉴定档案价值时，要坚持历史的观点，即根据档案产生的历史条件及其在历史上的作用，科学地评价其对维护人类社会历史记忆的有用性，确定其保存价值。在档案价值鉴定工作实践中，坚持历史的观点，就必须坚决反对片面的实用主义观点。

4. 应采用发展的观点指导档案价值鉴定工作

档案价值的鉴定工作，需要以发展的观点进行，明确档案保存工作的价值与意义。档案的鉴定与保存不仅仅是在需要时可以提供档案服务工作，也是子孙万代的生存与发展需要。档案价值鉴定工作人员应具有一定的预测未来社会发展需要的能力。随着数字时代的到来，一些在纸质档案占统治地位的时代被鉴定为“保存价值不大”的文件和记录，其数字形态却因为蕴藏着丰富的、可供分析和加工的数据和信息，而成为一种非常具有留存价值的资源。所以，简单地认为纸质文件和记录与电子文件和记录的保存价值相同的观点和做法，是非常武断和有害的。正确的做法是，纸质档案按传统的价值鉴定标准去判定其保存价值；数字档案（电子档案）的价值鉴定标准则应重新确定。

5. 应采用科学的效益观点指导档案价值鉴定工作

对纸质档案等传统载体形态档案的价值鉴定，必须考虑立档单位和国家档案管理部门的保存能力。认为只要文件和记录具有些许利用价值就应作为档案加以保存的思想观念，不仅脱离实际，而且一旦实施就会劳民伤财。为此，开展档案价值鉴定工作，要求工作人员对需要保存的档案进行文件记录，明确其利用价值，以更好地进行预测、评判。只有当档案发挥作用所带来的经济效益和社会效益大于我们所付出的管理成本时，才能认为档案是具有保存价值的。诚然，单纯的效益观点（只评价档案保存的经济效益，却忽略档案保存的社会效益的观点），在档案价值鉴定中也要坚决避免。

（二）档案鉴定工作的意义

档案鉴定是决定档案存毁的关键一环。对文件进行价值分析并确定其保管期限，并将到期的档案剔除销毁，是档案管理工作中具有决定意义的一环。具体可以归纳为以下四个方面。

1. 去粗取精，便于档案查找利用

档案的鉴定，就是解决庞杂与精练之间的矛盾，是对档案去粗取精的工作。档案是社会实践活动的产物，档案数量与日俱增致使档案日益庞杂，这就影响了查找利用的效率。而档案保管既有库房等物质条件的限制，又要求保管的档案质量越精越好。档案是保存下来的宝贵财富。档案与档案之间的价值是不同的，有的大，有的小，有的可能短时期内有用，有的可能长久有用。而人们利用的都应是有价值的档案，如果不经过鉴定，不剔除无价值的档案材料，那么大量的有价值的档案材料就会被埋没，严重影响档案的查找利用。开展档案鉴定工作的目的是解决档案日益庞杂与保管精练之间的矛盾，便于档案查找利用。

2. 玉石区分，节约保管成本，提高工作效率

保存档案也要讲究效益问题，档案保管是需要大量人力物力的，档案数量越多，需要的保管成本就越高。因此，为了降低保管成本，就必须对不断产生的新档案材料及保管期满的档案进行价值鉴定，将无保存价值和已经失去保存价值的档案进行清理，精简库存档案，玉石区分，节约保管成本，提高工作效率。我国自古就有“三年一拣除”制度，如唐宋律令均有规定“文案不须常留者，每三年一拣除”“其有本应长留者，移于别库籍内”。

3. 主次分明，便于安全管理，应对突发事件

档案鉴定将无价值的档案材料剔除，一方面节约了保管成本，腾出库房和装具去妥善保管有价值的档案材料；另一方面明确了档案的价值，主次分明，在日常管理时就很容易确定保管的重点，便于安全管理，应对突发事件。如在遇到水灾、火灾、地震等天灾时，就能很快确定抢救重点，及时抢救和转移价值大的档案资料，减少损失。否则，就会因档案资料主次不明，数量庞大，感到束手无策，不知先抢救哪些，其结果只能是“玉石俱焚”，造成更大的损失。

4. 去芜存菁，提高管理效益

档案的鉴定工作就是通过对档案的深入筛查，取其精华，让保存下来的档案更加精细化，便于后续保管利用。保存精选的档案，在提供利用时可免沙里淘金的查找之苦；有助于集中人力、物力改善保管条件；遇到突然事件，如水灾、火灾、地震、战争等，便于迅速抢救和转移重要档案。

四、档案保管工作的要求与意义

（一）档案保管工作的要求

1. 注重日常管理工作

为了保持档案库房管理的稳定、有序，我们应注重建立健全管理规则和制度，加强日常管理。在库房管理中要做到：档案的及时归档和入库；查阅完的档案要及时复位，并定期清点检查，有问题则及时处理。只要持之以恒地坚持严格的日常管理，就能保证库房内档案的良好状态。

2. 预防为主，防治结合

在档案保管工作中，保护档案实体安全的方法概括起来主要有两类：一类是如何预防档案实体损坏的方法；另一类是当环境不适宜档案保管要求时或当档案实体受到损坏后如何处置的方法。在归档或接收的档案中，实体处于“健康”状态的档案占绝大多数。因此，在档案保管工作中，积极预防档案受到各种不良因素的破坏是主动治本的方法。我们应该采取各种措施，确保这些档案的长期安全。同时，还应该通过加强日常管理和检查，及时发现档案实体出现的“病变”情况，以便于迅速地采取各种治理措施，阻断或消除破坏档案的有害因素，修复被损害的档案，使其“恢复健康”。预防为主，防治结合，才能全面保证档案实体的安全。

3. 重点与一般兼顾

由于档案的价值不同，保管期限长短不一，因此在管理过程中，我们应该遵循突出重点、兼顾一般的原则。对于单位的核心档案、重要立档单位的档案、需要长久保存的档案，应该加以重点保护，尽量延长档案的寿命。同时，对于一般性、短期保存的档案，也要提供符合要求的保管条件，确保其在保管期限内的安全和便于利用。

4. 管理与技术相结合

档案保管工作要有效开展，管理和技术缺一不可，二者从不同层面上维护着档案的安全和完整。管理和技术在应对威胁档案安全的不同风险因素中，各自发挥着不可替代的作用。比如：由于人为因素对档案造成破坏的，需要靠管理制度来约束，单纯的技术难以发挥作用；而对于不可控的自然因素对档案带来的破坏，必须利用先进的技术来应对。因此，片面强调管理，或者片面强调技术都是不科学的。同时，无论是管理还是技术，都不是一成不变的。管理的理念、方式需要不断科学化、合理化，技术手段需要不断现代化，以确保管理和技术成为档案保管工作科学发展的双翼。

5. 不同的档案区分保管

在档案保管中，不能采取“一刀切”的模式来管理全部档案。为了实现对档案的合理保管，对于不同价值的档案，应区别对待。在档案保管工作中，所谓不同的档案，主要是从档案的保存价值、保管期限及载体等方面加以区分的。《中华人民共和国档案法实施办法》（以下简称《档案法实施办法》）中规定“各级国家档案馆馆藏的永久保管档案分一、二、三级管理，分级的具体标准和管理办法由国家档案局制定”，“根据档案的不同等级，采取有效措施，加以保护和管理”。在《照片档案管理规范》等标准中也表明，对不同保管期限的档案，其保管条件也略有差异。区分保管不同价值、不同保管期限的档案，有助于实现档案保管工作稳定有序地开展，尤其是随着社会科学技术的飞速发展，不同载体的档案大量产生，不同载体记录信息的结构、原理不同，其保管要求也各不相同。因此，不同载体的档案也应区分保管。

（二）档案保管工作的意义

档案保管工作的质量在很大程度上影响档案管理的水平，甚至在个别情况下，如档案存毁、档案安全等，具有决定性影响。档案保管得好，可以为整个档案工作的顺利进行提供基础。反之，如果档案保管工作做得不好，或者不能有效地延长档案的寿命，甚至损毁殆尽，那就会使整个档案工作丧失最基本的物质条件。工作对象一旦丧失，整个档案工作也就失去了存在的意义。如果档案管理混乱、杂乱无章，将会大大影响整个档案工作的有序进行。

五、档案检索工作的意义

档案的数量是与日俱增的，档案内容也极其纷繁复杂，涉及方方面面。这对档案的利用者来说，想要寻找相对应的信息，犹如大海捞针，因此就需要借助系统、科学的方法从中获取有用的信息。此时，档案检索工具对整个档案馆来说有重要意义。

（一）桥梁作用

档案检索工具作为一道“桥梁”为档案和利用者建立了联系，帮助两者沟通，使利用者准确、快速地搜索档案，以完成借阅。档案检索工具也如同打开信息宝库的“钥匙”，只有利用这一工具才可以打开信息宝库，寻找自己的需求。

（二）交流作用

档案检索工具要存储大量的档案信息，为利用者提供便利的查询渠道，是档案馆和利用者密切交流的工具。利用者借助检索工具还可以了解档案的分区、类别、内容和具体价值等。档案检索工具也是了解档案馆馆藏情况的重要工具。

（三）管理作用

档案检索工具中设置了档案的内容概要和形式特征，以集中、取其精华的形式反映着档案馆的馆藏情况，有需要的人员可以通过档案检索工具对档案馆馆藏档案的内容、数量等进行了解，这也为档案管理工作提供了指示。此外，档案检索工具还可以为档案的数量统计、档案实体顺序、库房管理概况等提供依据。总的来说，通过档案检索工具，相关人员可以便捷、快速地查找档案；档案检索工具也是提供咨询、开展档案研究等活动的重要手段。

综上所述，档案检索工具对整个档案馆来说有着不可替代的作用。

六、档案编研工作的要求与意义

（一）档案编研工作的要求

档案编研工作是一项政治性、科学性很强的工作，需要档案工作有高度的政治责任心和实事求是的科学态度，严肃认真，一丝不苟。具体要求包括以下内容。

1. 政治方向正确

古往今来，档案编研工作总是带有一定的政治倾向。现在的档案编研工作要体现为社会主义现代化建设事业服务的宗旨，坚持辩证唯物主义和历史唯物主义的思想方法，维护党和人民的根本利益，符合党和国家的方针、政策、法律，注意保守党和国家的机密。

2. 史料真实

编研过程中选用的档案史料必须正确、客观地反映历史事实，这是检验编研成果质量和能否经得起历史考验的关键所在。档案编研工作必须对档案材料进行认真的核实考证，去伪存真。切忌不加考证地盲目使用档案史料，造成以讹传讹和鱼目混珠的现象。

3. 内容充实

档案编研成果内容的丰富性对其能否受到社会的欢迎与重视有决定性作用，

也决定了其能否完整地反映有关事物的发生、发展、变化和终结的全部过程。因此需要将与题目有关的档案材料收集齐全，尽量选用并组成能反映题目内涵的完整材料。

4. 体例系统

体例系统是指将档案材料按其内在联系组成的一个有机整体。体例系统在内容上条理分明，上下联系，合乎逻辑；在编排上科学地划分章节或分类，结构严谨，形成体系。

（二）档案编研工作的意义

1. 为用户提供利用服务

档案馆（室）中具有研究价值的重要档案信息经过相关工作人员的档案信息编辑、加工、推荐、分发等一系列流程为利用者所使用，或者进行公开出版，甚至可以为馆（室）外利用、异地利用等提供平台，实现档案信息资源的充分利用，发挥档案在社会各项活动中的重要作用。

2. 提高档案馆（室）工作水平

档案馆（室）中档案的收集、整理和编目等工作是顺利开展档案编研工作的前提；在编研档案过程中需要大量调阅档案，并能对档案馆（室）基础工作的质量进行全面检验。档案编研工作对档案工作人员的业务能力有较高要求，是促进档案干部队伍提高专业化水平的重要手段。档案编研工作需要社会各界的帮助，以及借助档案馆（室）的档案信息服务，从而提高档案工作的影响力，提升档案工作在社会各界的重视度。

3. 保护档案原件和长远流传档案史料

档案编研所得的成果一方面可以积累史料、传播中华民族文化，另一方面可以代替档案原件提供有价值的相关信息，从而保护档案原件使之延长自然寿命。将档案文献汇编出版，分存于各处，即使档案原件遭受破坏，其内容也会保存下来。

七、档案利用工作的要求与意义

（一）档案利用工作的要求

档案利用工作建立在档案馆（室）存在档案利用条件的基础上，简化手续，提供方便，主动开展档案的利用活动，及时掌握档案的利用效果，加大宣传力度。具体要求包括以下几点。

①档案工作者需要不断提升专业素养，积极主动地开展相关工作内容。

②不断完善、提升档案的服务。

③对本单位、所在区域的重要活动、重点项目进行深入了解，以便更好地开展档案利用工作。

④加大档案的宣传力度，增强全社会的档案意识，促进档案的利用。

（二）档案利用工作的意义

档案利用工作的意义主要有：

①档案利用工作是发挥档案作用、实现档案价值的主渠道，是档案工作为社会主义现代化建设服务的直接手段。

②档案利用工作是档案工作联系社会的一个窗口。

③推动档案基础业务建设，提高档案工作水平。

④促进档案工作人员不断提升业务素养，提高档案干部队伍的整体工作水平。

八、档案统计工作的要求与意义

（一）档案统计工作的要求

档案统计工作是档案部门一项严肃的科学任务，为了做好档案统计工作，发挥档案统计工作的作用，在进行统计时必须做到准确、及时和科学。

1．及时性

统计工作的目的是解决档案工作中的实际问题，及时了解有关情况。如果统计工作拖沓，必然会贻误良机，进而影响档案工作。因此，系统的档案统计制度可以帮助档案统计成为档案日常工作的一部分，各级各类档案馆、档案室的统计工作应该有相对严格的制度，各部门工作之间相互配合，及时更新并改正档案工作领域的相关内容，为指导和监督档案工作提供科学依据。

2．可量化性

统计是以数字来量化反映统计对象现状的。在档案统计工作中，实施统计的重要领域及其重要因素，必须是可进行量的描述与量化研究的。否则，档案统计工作会成为一般的档案登记工作。

3. 连续性

为了更好地完成统计工作，保证统计数字工作达到一定质量，档案统计工作应该保持一定的连续性，统计工作的内容也应该有始有终。只有保持连续性，档案统计工作才能对档案现象的发展变化进行历史、系统、全面的反映和概括分析，也才能保证统计工作的质量，达到统计工作的目的。

4. 目的性

档案统计工作是为了一定的目的进行的，不是为统计而统计。如果没有明确的目的性，统计工作就会失去意义，也不容易坚持下去。因此，确定档案的统计项目，要依据本单位的实际情况，兼顾需要和可能，如单位大小、档案多少、管理状况、利用状况和质量高低等有目的地、实事求是地建立本单位的档案统计工作。

5. 准确性

档案统计工作应该以保证所统计数据准确无误为前提。统计工作所获得的各种数据及其整理、分析得出的结果必须具备客观真实性。档案统计工作是从档案现象的质和量的辩证统一中研究它的数量方面，以数字语言记录事实，因此，数据的来源必须保证准确真实。可见，数字的真实性、准确性是科技档案统计的根本。

要做到统计数字真实、准确，就必须有认真、负责的工作态度和一丝不苟、实事求是的工作作风，严格统计纪律，建立和规定科学的统计指标和统计计量方法。这样统计出来的数字才有价值，也才能够保证统计工作目的的实现。

6. 法治性

现代社会是法治社会，任何工作都要依法办事，档案工作也不例外。《中华人民共和国统计法》就是档案统计工作应遵循的准则。档案统计也要纳入法制建设的轨道，因为目前在实际工作中仍然存在统计违法行为，如为夸大成绩或缩小失误而虚假、瞒报、伪造和篡改统计数据资料的现象屡屡发生。因此，档案统计要加强执法力度，保证档案统计工作有序、顺利展开，充分发挥档案统计在整个档案工作中的重要作用。统计工作的目的不是取得统计数字，而是要对统计数字进行分析、研究，从中寻找事物发展变化的规律。对档案统计所取得的原始数字进行周密分析和研究，根据档案现象在一定时间、地点和条件下的具体数量关系，揭示档案及其管理工作中的内在联系和矛盾，总结经验，提出问题，分析原因，探索方法，进而提升档案工作的效率，提高档案管理水平。

（二）档案统计工作的意义

1．档案统计工作是认识档案工作的一种重要手段

档案工作中诸多现象的发展过程、现状和一般的规律性，通过档案统计让人一目了然。而且正是这种长期、系统的积累资料的工作，为档案管理研究和综合统计，以及为人们加深对档案工作的认识提供了一种手段。

2．档案统计工作是科学管理档案的基础

国家档案事业的方针、政策、计划、法规制度的制定都离不开档案统计工作，统计工作提供的大量的信息可以对档案事业进行指导、监督、协助理顺档案事业各个方面的关系。如果没有档案统计工作提供的大量数据和信息，那么档案管理只能是盲目的；没有档案统计工作的指导，档案服务利用只能是被动的。

科学管理档案不仅要定性分析，也要定量分析，两者结合才能实现科学管理，提高档案管理水平，以更好地指导档案实践工作。做好档案统计工作，可以为定量分析提供必要的数据。

3．档案统计工作是提高档案学研究水平的重要保证

档案统计是档案学发展的一个表现。以前档案学研究的方法比较偏重于研究社会科学的方法，但随着科学技术的发展，也逐渐运用研究自然科学、技术科学和管理学的方法来研究档案学，由定性研究逐渐转变为比较关注定量分析研究。因此只有加强档案统计，认真进行分析，才能促进档案学的发展。

4．档案统计工作是使档案工作处于良性运行的重要保证

从系统论的角度来看，档案工作是由档案实体管理、档案信息开发和档案反馈信息处理三个子系统组成的，档案统计工作可以反映档案信息系统的实际情况，根据统计所得的数据直接反映了档案工作各方面的实际情况和水平，这是非常重要的。它可以提供正确的决策依据和监督指导档案工作的统计资料，从而保证档案工作处于良性运行状态。

要了解档案用户的需求，档案业务工作的现状、水平、成绩和不足，都离不开档案反馈信息处理。而这主要是通过统计工作来实现的。比如，要了解档案用户的需求，就要先通过调查研究得到大量的数据资料，然后对这些数据资料及时地进行整理、分析就可以总结出档案用户的需求情况、需求趋势等。

第三章　大数据环境下的档案信息资源整合

随着科技的发展，信息技术越来越强大，人们对档案信息的需求不断增长，档案工作的内容和信息需要涉及社会的方方面面，因此，对更多档案信息的掌握和了解成为人们当下的迫切需求。20 世纪 90 年代，我国的档案信息工作已经迈入了电子时代，随之而来的是电子档案数量的急剧增长，传统档案储存方式已经难以满足现代化档案储存的需求，这也大大限制了档案资源的共享，阻碍了档案共享事业的发展。本章以大数据环境为切入点，从档案信息资源整合的基本内容、目标取向和实施措施这三个方面对档案资源信息整合进行深入分析。

第一节　档案信息资源整合的基本内容

大数据环境下，档案信息资源整合是指将各个部门、机构、系统中的档案信息进行整合和共享，以实现信息的高效利用和价值最大化。在大数据环境下，档案信息资源整合的基本内容包括以下几个方面。

一、数据整合与清洗

在大数据环境下，档案信息资源来自各个部门、机构和系统，数据的格式、结构和质量可能存在差异。因此，需要先对这些数据进行整合与清洗，以确保数据的一致性和准确性。数据整合包括将不同来源的数据进行合并，建立统一的数据模型和数据标准；数据清洗包括对数据进行去重、纠错、填充等处理，以提高数据的质量和可用性。

二、数据标准化与分类

为了实现档案信息资源的整合和共享，需要对数据进行标准化和分类。数据标准化是指将不同来源的数据按照统一的标准进行格式化和编码，以便于数据的比对和查询。数据分类是指将数据按照一定的分类体系进行分类，以便于数据的组织和管理。数据标准化和分类可以通过制定统一的数据标准和分类规范来实现。

三、数据集成与共享

数据集成是指将不同来源的数据进行整合和融合，形成一个统一的数据集。数据集成可以通过数据仓库、数据湖等技术手段来实现。数据共享是指将整合后的数据向各个部门、机构和系统进行共享，以实现信息的共享和协同。数据集成和共享可以通过制定统一的数据共享政策和机制来实现。

四、数据挖掘与分析

在大数据环境下，档案信息资源中蕴含着大量有价值的信息和知识。数据挖掘和分析是指通过各种数据挖掘和分析技术，从档案信息资源中发现隐藏的模式、规律和关联，以提供决策支持和业务洞察。数据挖掘和分析可以通过机器学习、数据可视化等技术手段来实现。

五、数据安全与隐私保护

在档案信息资源整合的过程中，数据的安全和隐私保护是一个重要的问题。数据安全保护是指保护数据不被非法获取、篡改和破坏；数据隐私保护是指保护数据主体的个人隐私和商业机密。可以通过系统、安全的政策制度和隐私保护措施来保护数据的安全与隐私。

六、数据治理与管理

在大数据环境下，档案信息资源的整合需要进行有效的数据治理和管理。数据治理是指制定数据管理策略和规范，确保数据的合规性和可信度。数据管理是指对数据进行有效的组织、存储、检索和维护，以保证数据的可用性和可靠性。数据治理和管理可以通过建立数据管理机构和制定数据管理流程来实现。

总之，大数据环境下档案信息资源整合的基本内容包括数据整合与清洗、数据标准化与分类、数据集成与共享、数据挖掘与分析、数据安全与隐私保护、数据治理与管理等方面。通过对这些内容的实施，可以最大限度发挥档案信息资源的价值，大幅度提升档案信息的利用效率。

第二节　档案信息资源整合的目标取向

为了加快实现档案信息资源最大化共享，就需要做好信息资源的整合利用。因此，档案信息资源的整合需要以信息资源的共享需求为主，为大众更好地提供资源共享服务。第一，档案信息资源的整合需要统筹多方位、多层次，最终建立一个综合的、系统的、实时更新的信息网络系统。档案信息资源是一个大数据库，涵盖了方方面面的专业信息，以满足不同层次需求的客户。档案信息资源库在做大做强的同时需要考虑信息的可控性，要保证有足够的能力对档案信息资源进行控制与管理。第二，鉴于我国各个地区的档案管理体系发展不均衡，个别地区之间还存在一定差异，这也为档案信息资源的整合带来了较大困难。因此，档案信息资源整合需要缩小各地区之间的差异，以实现资源的合理、均衡化分配，保证不同层次需求的人们都可以获得平等利用资源的权利。此外，档案信息资源整合还需要利用其他信息，以实现档案系统资源的融合，完善资源系统的不足之处，达到社会信息资源的无缝衔接。第三，档案信息资源的整合不是终极目标，整合信息资源是为了实现信息资源的最大化利用，达到信息共享的目的。因此，无论信息量有多少，都存在信息共享。信息量大，则可以在较大范围内实现共享；信息量小，则可以实现小范围信息共享。虽然个别重要信息因为地域限制等会严重影响信息共享的范围，但是当下的信息网络系统已经在传播速度和传播途径等方面具备较高的技术，甚至不用出门都可以知晓天下事。

一、档案信息资源共享

档案信息资源来源于人们的实践生活，是融合了多方面档案信息要素的、以档案信息为核心建立起来的信息资源共享系统。档案信息资源共享以多媒体网络平台为载体，发布多种类档案信息资源，为大众创造并提供信息共享的平台服务体系。在我国，这种档案管理模式早在 20 世纪 90 年代初期就开始尝试探索，如今在国内十多个省份已经实现了档案信息资源共享建设，以满足社会不同层次的需求。档案信息资源共享主要以系统内部共享、系统之间共享、全社会共享这三种模式为主，三种模式之间难度不同，我国采用最多的信息资源共享模式是系统内部共享和系统之间共享。随着数字化技术的发展，我国档案信息资源的数字化共享已经普遍成熟，并且得到了国内档案学界的认可，但是随着电子档案数量的与日俱增，其体积逐渐增大，传统的档案信息储存空间已经难以满足现代化档案信息资源共享的需求，国内档案学界就档案信息资源如何与大数据进行对接还需要进一步研究。从大数据角度实现档案信息资源共享已经是档案学界新的研究视角。

二、档案信息资源共享平台

档案信息资源共享平台是以互联网技术为媒介，涵盖了信息采集、审核、存储、发布及利用等功能的软硬件平台体系。如今，随着大数据技术的广泛应用，档案信息资源逐渐面临体积大、种类繁杂、价值高等新的挑战，传统的档案信息资源内部共享模式已经难以满足新的需求，因此，想要继续拓展档案信息资源的共享范围，就需要借助规范化网络信息平台，创建更加系统化、专业化、数字化的档案信息共享系统。在大数据时代，档案共享需求需要以互联网为媒介，充分利用移动互联网、云计算平台、数字签名等先进技术手段，实现档案资源数字化的整合利用，更高范围的覆盖信息资源网络，最终实现档案信息资源的最大化共享。由此可见，大数据时代下的档案信息资源共享平台体系应该具备下列功能。

第一，为全社会各个领域的档案使用者提供丰富的档案信息资源共享平台，以满足大众对资源的阅览需求，最大程度发挥档案资源的服务宗旨。

第二，所形成的档案信息资源共享平台体系可以进行信息检索、筛选、整合等，可以拓展档案馆（室）馆藏资源，为档案编研、档案交流等研究工作提供基础。

第三，实现跨区域、跨层级、跨归口档案管理部门的信息共享，使其建立长期合作互通的关系，可以建立全国统一标准、规范化档案数据平台。

第四，最大限度地保障档案信息安全，建立严谨的安全防范机制，同时具备软硬件防护、应急安全等措施，尽量从源头上将大数据时代网络信息的安全隐患降到最低。

第三节　档案信息资源整合的实施措施

档案信息资源整合随着信息时代的发展已经拓展为一个庞大的网络工程，涵盖社会的各行各业。实现档案信息资源整合是一条道阻且长的路，这就需要我们在具体实施过程中脚踏实地，从点滴做起，循序渐进，切忌焦躁。在知识经济高速发展的时代，人们的档案信息需求已经向多元化发展。各区域档案部门的馆藏、信息结构等需要不断优化，需充分提升现代化技术手段和培养专业化档案管理团队，以满足档案信息开发利用和社会的多样化需求。

一、注重技术保障的支撑

信息时代下档案信息资源的整合利用需要以先进的信息技术为基础，这也是更好完成档案信息资源整合的关键所在，如果没有先进的信息技术做支撑，那么就无法实现高层次、高跨度的信息资源整合。因此，我们需要进一步提升档案信息的研究层次，充分利用创新信息技术，为档案信息资源整合提供保障机制。目前，国内档案信息资源整合还面临着巨大挑战，主要包括：第一，数据存储与数据压缩；第二，数据分类、检索和索引；第三，便捷、人性化的用户界面设计；第四，信息集成系统设计；第五，信息安全技术。上述内容对档案信息资源整合来说具有重大影响。

二、循序渐进、分步实施

资源共享是档案信息资源整合的终极目标，这就需要最大化开发利用档案信息资源。在网络信息技术高速发展的时代，想要实现档案信息资源共享就需要建立统一、标准的核心体系，这就要求在建设信息化的同时以合作和规划为基本方针，避免各自为政，出现“信息孤僻”的现象，否则将严重影响高层次档案信息资源的共享。我国档案信息系统的现状是区域之间发展不平衡，大多数地区的档案信息系统的建设都是在封闭情况下进行的，缺乏区域之间的合作，导致信息共享系统出现了信息标准不统一等问题，为网络信息时代下建立档案信息共享埋下了隐患。由此可见，国内档案信息系统的后期建设应该将重点放在信息统筹规划上，只有这样，才有可能实现档案信息资源的整合共享。档案部门的领导要重视档案信息化建设的大方向，结合电子政务建设的要点，借鉴优秀的图书、情报等行业相关做法，进一步创建适合我国的档案信息化建设规划体系，落实各个层次的管理制度，有序推动我国档案信息化建设工作的稳步前进，最终实现信息的可持续发展。

三、丰富馆藏和优化结构

我国档案信息的相关工作想要满足社会大众的需求，为经济发展做出贡献，就需要档案部门馆藏种类齐全、内容丰富、结构合理、具有收藏价值的档案资料。因此，丰富的馆藏是整合利用档案信息资源的基础条件，这就需要先改善我国档案馆馆藏单一、种类不完善的现状，进一步丰富档案馆馆藏。由于历史因素，国内大多数档案馆的馆藏资料以反映机关活动为主，这些档案为冤案平反、编史修志等工作提供了重要依据。但是随着经济的高速发展，人们对档案信息的要求越来越多元化，目前国内档案馆藏已无法满足人们的需求，档案馆的档案和社会之间出现了无法衔接的状况：社会对档案信息的需求逐渐增加，但是档案馆能提供的档案信息是有限的。这一现状使档案馆需尽快解决这个矛盾。因此，档案信息资料的收集与整理将直接影响档案工作的各个环节。

种类齐全、内容丰富的档案馆藏能满足社会的多方需求。档案馆工作人员应该加大力度研究档案信息，充分掌握档案信息的利用规则，尽量使档案馆藏资源物尽其用。档案馆前期的收集整理工作不仅要收集足够的资料，还要保证所收集资料的质量，对收集后的资料要进行统一、标准、系统化的管理。档案的分类要有一定规律，档案之间要保持必然的历史联系，保证工作人员整理起来有章可循。另外，案卷的整理也要讲究规律性，以规范化、标准化为原则，为其他人员寻找资料提供一定的便利。总的来说，档案信息从无序变为有序的过程是一个严谨、复杂的过程，档案馆档案收集整理工作需要改变传统坐等接收的方式，要通过多渠道、多方式积极主动地收集档案。

总而言之，档案馆藏资料要注重广度、质量和特色这三个方面，在档案收集方面注重宏观与微观的结合，广泛采纳，多方收集，把握质量，将社会上散存的高质量档案存放好，并进行充分利用。第一，以广泛调研为基础，掌握档案馆的馆藏现状，制定统一、严谨的接收制度，将隶属于本馆的档案资料竭尽所能收集起来；第二，考虑档案的便于保护性，加快档案进馆的速度；第三，不断拓展档案馆馆藏范围，广泛收集各行各业、各个时期的信息资料。从档案的种类来说，应该注重党政档案、科技档案、专业档案的收集保存，此外还需要注重具有保护与利用价值的个人档案、组织档案；从时间线上来说，要注重收集现代的、早期的档案资料；从档案的内容来说，要注重收集知名人物、机关日常工作的档案；还要注重档案的载体，无论是音像资料，还是光盘、纸质资料都具有较高的收藏价值，尤其是有关地方民族特色的档案，可以进一步丰富档案馆馆藏种类，优化馆藏结构，建立内容丰富、特色显明的馆藏结构。丰富的馆藏可以为档案信息资源体系建设提供良好的基础。对于档案馆管理团队方面，要建立健全可行的管理制度，提升相关人员的专业素养，培养他们的档案意识，提高他们的业务能力和责任感，对档案馆资料做到按要求整理归档。只有健全、完善的档案信息资源体系，才能更好地为社会提供档案服务。

四、注重现代化信息技术的应用

实践证明，先进的现代化信息技术、专业的设备和手段等对档案信息资源的整合利用具有不可忽略的作用。档案领域的工作需要先进的现代化信息技术做支撑，可以为整合档案信息资源提供良好的条件，也能够为档案信息资源的建设带来巨大变革。例如，复印机能以较快速度记录档案信息，还能大大提升档案工作的效率；电子计算机终端网络可以实现档案信息跨区域、远距离传输。由此可见，现代化信息技术在档案工作领域可以实现对档案信息科学、合理、有效地利用，这也为实现人类档案信息资源共享创建了良好基础。随着计算机技术的发展，档案管理从传统的纸质形式逐渐向电子档案转化。电子档案具备数字化信息形态，对电子设备有高度的依赖性，在一定程度上可以分离信息和载体，使信息具有易修改性，信息共享相对便利。需要以新型介质和现代化信息技术为载体，对电子档案进行归档、整理、编目、保管及利用等。由此可见，由光盘技术、缩微技术和计算机技术引领的档案信息资源的开发利用在档案工作领域有巨大变革，具体表现为以下几个方面。

（一）应用计算机技术分析、处理和整合档案信息资源

计算机能对大容量信息进行高速处理。通过计算机可以实现档案信息的索引、编目、检索、归纳、借阅等，大幅度降低了人工处理档案信息的烦琐程度，应用计算机对档案进行编辑可以做到编辑档案信息目录、对所借阅的档案信息实现检索与统计、方便修改档案信息，以及对档案信息的传递与打印等，还能选择档案信息的一次性输入、多样化输出，减少人工处理档案工作的重复次数，拓展档案信息检索的途径，准确、有效、全面、系统地展示档案信息资料。

（二）应用档案缩微技术翻拍、留存、传递档案信息

档案缩微技术指将档案文件按比例进行缩小，将缩小后的文件拍摄在感光材料上成为缩微复制品，以便于存储、传递与使用。档案缩微技术一方面可以准确

无误地反映档案的真实内容和载体；另一方面还可以延长档案的保存时限。缩微复制后的档案既方便了使用者借阅，又方便了管理者管理。档案缩微技术可以结合计算机，通过计算机进行检索、还原与复制信息等。《安徽省档案条例》中规定了“档案馆提供利用的档案，应当用复制件或者缩微品代替原件”。由此可见，上述规定进一步推动了档案缩微技术在档案信息资源中的管理与利用。

（三）实现档案信息数字化、网络化

档案信息资源建设的关键是档案信息的数字化建设。数字化建设通过利用现代化信息技术，对传统档案进行数字化处理，以达到海量存储的目的，同时实现多媒体存储，让档案信息在区域和层级限制下达到资源共享。档案信息是一个庞大的数据库，考虑到工作人员的组织管理能力往往是有限的，且社会发展越来越趋向信息化，档案信息的加工与整理无法以传统的手段处理新时代下巨大的信息库。因此，档案管理部门应该大力推动档案信息数字化建设，实现档案信息的数字化管理。目前我国在建设档案目录数据库方面已经取得了一定的研究成果，并进行了实践运用，有的地区的数字化档案建设和多媒体档案数据库建设已逐渐成熟。早期的明清档案、民国档案和革命历史档案目录已经在建设中，各个区域也开始建设区域性档案目录中心。

（四）充分利用传统载体档案

数字化档案信息的建立并不是对传统载体档案的否定，而是结合了新型档案存储和传统档案存储的优势，通过利用数字化技术实现对档案信息的合理运用，并对二者进行科学、合理的配置，最大程度地发挥了数字化档案信息和传统载体档案的共存与互补。

五、提高档案工作人员的综合素质

档案信息资源的开发利用涉及方方面面，这是一项综合的整体性工作，在这项工作中，工作人员是主体，档案管理团队素质的高低将直接影响档案开发利用的效果。因此，提升档案工作人员的整体素养和专业水平是首要的，这也为后续高效、优质开展档案信息资源整合工作提供了有效保障。先进的高新技术和专业的现代化设备对档案部门开发利用档案信息资源来说是关键的，这要求档案部门大量引进具备扎实理论基础的适应性、创造性、多元化人才。因此，秉承“推进信息化，服务经济建设”的宗旨，档案部门的工作人员需要是传统服务型兼开发

型、参考咨询型、公关型、技术型人才。与此同时，档案工作人员还需要转变工作思路，加强服务意识，要有“服务经济建设”的先进理念。

档案工作人员的服务理念和意识要从以往传统的“管好档案不泄露”逐渐向“全面开发利用档案信息资源”转变。档案团队要具备一定的知识结构和专业素养，以适应不断增长的档案信息资源开发利用需求。主要需具备以下素质。

（一）良好的知识素养

档案工作是一项延续了上千年的工作，传统的档案要求档案工作人员必须时时刻刻用文字进行记录。档案资料是对历史的记录，即每个时期的档案都是对历史所发生事件的记录，不同时期的档案之间有必然的历史联系，因此，只有对历史有一定了解，才能够对档案的真伪进行准确辨别，从而鉴定其价值，更好地对档案进行保管利用。因此档案工作人员必须具备一定的历史文化知识，在语言文字方面也要有专业的水平。与此同时，档案工作人员还需要广泛涉猎各行各业，不断提升自身的语言表达能力和文字交流能力，档案工作者只有具备较高的专业素养才能对档案内容有准确的了解，为档案利用者提供准确的服务，使档案资料达到利用最大化。随着我国加入世界贸易组织，对中外交流的需求不断增大，档案信息资源的范围还需要继续拓展，档案工作人员则要掌握一定的外语知识，以方便处理外文档案资料。除此之外，档案工作人员还需要具备一定的法律知识基础，必要时便于依法开发利用档案信息资源。

（二）高超的信息技术处理能力

随着因特网的广泛应用，信息资源共享的范围逐渐在扩大，实现世界范围内的信息共享已经不是难题。这将大大拓展社会信息存储空间，逐渐成为档案信息资源开发利用的重要技术支撑。目前，我国省级以上的档案馆已基本实现档案信息网络的建设，且将来市、县区域的档案信息网络建立后，档案馆就不仅仅是一个存储档案信息的场所，会逐渐发展为信息开发利用基地。由此可见，档案工作人员一方面需要适应信息技术发展带来的档案操作需求，另一方面还要具备数字化、网络化技术先进手段，便于档案资料的管理、档案信息系统的开发利用、档案信息网站的维护与设计等。档案工作人员只有具备高超的信息技术处理能力，才能实现档案信息资源的深层次开发利用，最终实现档案信息资源共享。

（三）熟练的业务能力

档案信息资源的开发利用是一个综合性、系统性、专业性的工作，要求档案工作人员在档案信息的收集与分类、编目与整合、分析与编研等程序具备严谨性。可见这项工作对档案工作人员的综合素养有较高要求，其不仅要掌握档案信息分析与整合的规律，还要熟练掌握档案信息资源的开发与利用。近些年，现代化信息处理技术广泛得到应用，新型存储介质逐渐出现在大众视野中，随之而来的是多种新型载体档案的出现，而传统形式的电子档案我们无法保证其安全性，这就要求档案工作人员需要熟练掌握并使用新型载体档案的保护与管理方法，进一步保障档案资料的真实性与完整性。

第四章　大数据环境下的档案信息资源开发利用

随着人类社会由工业经济时代向知识经济时代转变，信息资源已成为一种重要的经济资源。档案是信息资源的一个重要组成部分，其重要性已引起人们的普遍关注和广泛认同。在社会信息化大潮滚滚到来之际，大力开发利用档案信息资源已经提上了各级档案部门的议事日程。但是由于种种原因，目前我国档案信息资源开发利用工作存在着一些问题，档案信息资源能发挥的作用与应发挥的作用之间还存在一些差距。本章为大数据环境下的档案信息资源开发利用，分别从档案信息资源开发利用的原则、档案信息资源开发利用的制约因素、档案信息资源开发利用的具体措施三个方面进行叙述。

第一节　档案信息资源开发利用的原则

档案信息资源的数量巨大，内容也非常丰富，因此在档案信息资源的开发利用工作中，我们必须准确地把握档案信息资源开发利用的原则，这样才能做到正确预测档案信息资源利用者的需求倾向，才能有针对性而不盲目地开发利用档案信息资源。

一、序化整合原则

档案信息的初始状态是零乱和分散的，即使是存放在各档案馆的档案，虽然经过一定的整理，但从档案信息资源化的角度来看，档案信息资源若要得到合理的开发和科学的利用，就必须对其进行有序的整合，即按照档案信息资源建设的要求，针对档案信息资源存在的与之不相适应的问题，进行全面的鉴定和加工整理。其主要内容及要求涉及以下几个方面。

第一，对档案价值进行判定，根据档案价值的大小，确定档案信息资源开发利用的范围。各档案馆保存的各种门类、各种载体的档案，绝大部分具有较高的价值，但确有少数档案已失去或基本失去利用价值。因此，在档案信息资源开发利用之前必须制定一个判定档案价值的标准，确定一个进行开发利用的范围，以清理不存在开发利用价值的档案信息。

第二，对档案信息的时效性进行鉴定。档案中的废止文件必须清理，可对废止文件进行开发利用，将其用作历史研究。

第三，剔除重份文件，节省人力、财力和时间。馆藏档案中的重份文件是为了备用。在档案信息资源的开发利用中，利用计算机来存贮和检索档案信息，如果有多份相同的文件存在，就会影响档案利用者查找检索档案信息的速度。

第四，对有密级的文件进行标注。馆藏档案中有密级的文件多数保密期限已满，但部分文件仍处在保密期限之内，对仍需保密的文件，不能随意查阅、利用，因此，在档案信息资源的开发利用中必须做好密级文件的解密、降密工作，以避免失密、泄密的情况发生。

第五，开放全部应开放的档案。对过去档案开放的目录必须进行重新整理，把应开放而未开放的文件全部向社会开放。同时，要遵守《档案法实施办法》的规定：中华人民共和国成立以来形成的档案，自形成之日起满 30 年向社会开放；经济、科学、技术、文化等类档案，可以随时向社会开放。

二、效益优先原则

所谓效益优先，通俗地说就是低投入，高产出。档案信息资源作为一种智力资源，要对其进行有效管理，就必须以一定的人力、物力、财力“投入”为基础，为社会各界提供的服务就是其“产出”。只要有投入和产出，就会有效益问题。随着社会主义经济建设的不断发展，社会信息流动的速度越来越快，社会需求的档案信息也越来越复杂。只保管档案而不输出档案信息，只能浪费人力、物力、财力，产生负效益；输出档案信息越广泛、越及时，其产生的效益越大。因此，在档案信息资源开发利用的每个工作环节上只有尽量以最小的投入，才能获得最优的成果，才能最大限度地开发档案信息资源，以满足社会利用需求。这就是效益优先所要达到的目标。

在效益优先这一原则的指导下，档案信息资源的开发利用要以利用者的需求为基点，研究档案信息服务的“适销对路”，尽可能地使档案信息资源得到最大程度的共享。同时，档案信息资源所产生的效益并不像单纯经济活动所产生的效益那样直接、明了和迅速，它主要表现在社会效益和经济效益两个方面。其中，社会效益不仅指档案信息在科学研究、企业管理和机关工作等方面的作用，还指档案信息体现的证据价值、情报价值以及革命传统教育和爱国主义教育的功能；经济效益是指档案信息为经济建设服务所获得的物质效果和经济价值。因此，在档案信息资源开发利用中的效益优先原则还必须是全面、完整和综合衡量的一个概念，即经济效益与社会效益、当前效益与长远效益、直接利益与间接利益要统筹兼顾。

信息作为当今世界与材料和能源同等重要的现代战略资源，是国家和社会的重要财富和资产，是当代最活跃的生产要素之一。当前，紧紧围绕和密切配合经济建设这一党的中心工作，是开发利用档案信息资源的正确发展方向。但不是要丢弃社会效益或长远利益，而是将经济效益作为效益优先原则的重中之重。为此，着重抓住与经济活动密切相关的信息是开发利用档案信息资源的着眼点和基本方向。同时，大力开发重要流通渠道的科学技术和管理信息，也是必不可少的重要环节。

档案信息，尤其是科学技术档案信息，在一定的条件下可以转化为生产力，这主要体现在两个方面。一方面，某些档案包含了重要的科学技术信息，人们掌握它，就掌握了科学技术知识，借助这些档案信息指导生产、经营、基本建设和科研设计等活动，可以取得预期的效果，同时也获得了效益；另一方面，人们接受了某类档案信息后，经过分析、判断和总结，如果可以得出一种新的科学技术，并以此指导人们转变生产方式，进行再生产，就可以提高生产效率，节省人力、物力及财力。如近年来档案信息资源在大港油田集团有限公司的企业管理、生产经营、挖潜增效、债务清欠、技术创新等服务方面发挥了不可替代的作用，使该公司获得了显著的社会效益和经济效益。此外，某些档案还可以进入流通领域成为商品，主要表现在档案信息进入信息市场、技术市场或通过编研成果实现商品化，这也是发挥档案的社会效益和经济效益的重要途径。如专利转让，实质上就是转让档案信息，引进技术或设备；编研产品，就是对档案信息进行加工处理，形成二次、三次的档案信息产品，向个人、单位及全社会提供利用。

三、广开渠道原则

长期以来，受传统管理机制和陈旧观念的影响，我国大量的档案信息资源没能很好地得到开发并充分发挥其重要作用。不但各级国家综合档案馆是这样，许多专业档案部门也是如此，这不仅阻碍了我国档案事业的进一步发展，也在一定程度上延缓了我国的经济发展和社会进程。因此，无论是从经济发展与社会进步的角度来讲，还是从改革开放和“五位一体”总体布局的要求出发，都必须把握住多渠道地大力开发和有效利用档案信息资源这条重要的脉搏。

第一，要加快开放历史档案和有关科技文化档案资源的步伐，让社会广泛利用。

第二，要加大档案信息资源服务社会的宣传力度，让档案信息资源的开发利用工作走向市场。通过主办专栏、橱窗，举办档案展览，开办档案陈列馆，公布有关档案信息；为进一步方便各方面利用，还可编印馆藏介绍和有关的文件目录信息，发给有关部门和领导向他们主动提供有关档案信息，提高档案利用率。只有让各行业、各部门和公众享有利用档案信息资源的方便和益处，方能扩大档案部门的影响，形成全社会自觉主动地开发利用档案信息资源的大环境。目前各级档案部门利用报纸、刊物、广播、电视、展览、知识竞赛、文艺汇演、网上宣传等多种形式，开展了丰富多彩、卓有成效的档案宣传活动。

第三，要扩大档案信息资源的有偿服务范围。档案信息资源的开发利用过程，是凝结档案人员技术、知识和智慧的过程，这些成果是经过研究、分析和综合才创造出来的，具有广泛的使用价值，尤其是包含着科技成果的科技档案信息资源，具有专利性、知识性、技术性等特点。随着科技成果走向市场，在进行档案信息资源的开发利用时，收取一定的有偿服务费是可行的，因为它不仅节省了一些单位和部门的人力、物力和财力，免去了重复劳动，同时还可以为档案部门创造一定经济效益和社会效益，有利于为档案事业发展提供建设资金。但是档案信息有偿服务的收费标准要合理。归根结底，档案工作的性质决定它是一项条件性、服务性工作，收费过高不仅损害了用户利益，也损害了个人、单位形象，最终失去档案用户。从社会公益事业的角度来看，有偿服务的价格必须使服务对象在接受服务的过程中普遍地感到自己是受益的一方而不是“被宰”的一方。当然，如果收费过低，又会抑制档案人员的工作积极性，也会影响本单位的经济收益，更不利于档案信息资源开发利用工作的开展。

第四，要做好档案反馈信息的收集和综合分析工作。事实证明，档案利用工作的反馈信息和综合分析，是加大档案信息资源开发力度，提高开发质量的重要措施。通过对有关信息的收集、汇总、分析和加工，及时地了解与掌握社会需求，及时地开发档案信息资源，服务于经济建设，尽可能全面、迅速、准确地把有效信息传输给社会，这既是大力开发档案信息资源的有效形式，也是广泛地、系统地提供档案信息资源为社会各方面服务的一项重要工作。因此，对这项工作必须引起足够重视，投入足够人力、物力和财力，确保档案工作的正常开展，以便多出成果、快出成果、出好成果。

第五，要建立健全档案信息资源开发利用规章制度。国家档案局制定的《全国档案信息化建设实施纲要》中规定，“以档案信息资源建设为核心，以扩大档案信息资源开发利用为目标”。根据这一规定，各省市也相继制定了档案信息化建设方案，大力推进档案信息资源开发利用建设的进程。从长远的发展目标来看，在档案信息资源开发利用工作中，必须将一些经常性、具体性的工作制定成各项制度统一起来。具体包括各级各类档案馆和机关档案室应设立档案信息服务工作机构，至少应当配备专门从事这一工作的人员，应制定全方位开发利用档案信息资源的方针、政策、原则、方法和程序，应规定档案信息资源开发利用的途径、范围、办法、方式；各省市、各地区、各档案馆应定期交流档案信息资源开发利用的先进经验，介绍在开发利用档案信息资源过程中取得显著和重大经济效益和社会效益的典型事例，应及时传递档案馆馆藏的档案资料信息，编辑出版档案信息资源开发利用的论著等。

第二节　档案信息资源开发利用的制约因素

档案信息资源开发利用工作的重要性毋庸置疑，在这方面档案部门已经做了不少工作，而且也取得了一定的成绩，但在某些方面还存在着一些差距，其主要原因在于档案信息资源的开发利用工作受到来自多方面因素的影响，其中有积极因素也有消极因素，如何趋利避害，积极开发档案信息资源为社会提供利用是档案工作的重要内容。

一、政策法规对档案信息资源开发利用的影响

《中华人民共和国档案法》（以下简称《档案法》）和《档案法实施办法》中关于档案开放利用的规定为档案信息资源的开发利用提供了基本前提。如《档案法》明确规定：“县级以上各级档案馆的档案，应当自形成之日起满二十五年向社会开放。经济、教育、科技、文化等类档案，可以少于二十五年向社会开放；涉及国家安全或者重大利益以及其他到期不宜开放的档案，可以多于二十五年向社会开放。”尽管《档案法》明确规定档案要向社会开放，但由于档案种类多、数量大、价值不等、机密程度不同，在保密和开放的程度上不好把握等，因此在开

放利用中，有关档案法律、法规的实施还不到位，有的档案部门采取了简单划一的限制政策，阻碍了档案信息最大程度的开发利用。同时，《档案法实施办法》对经济、科学、技术、文化等类档案，只做了“可以随时向社会开放”的规定，对这类档案开发中的档案形成者、档案利用者和档案馆的权利和义务关系，以及该办法与其他知识产权法律关系如何处理等没有做出明确的规定，使得档案馆对这类档案信息的开发缺乏具体的可操作的依据。

目前，档案信息资源开发利用的政策和法律法规体系还较不完善。除了国家颁布的一些法律法规（如《档案法》和《档案法实施办法》），一些省市也只是制定了档案条例或个别省市在政府信息公开工作中对档案信息的开放利用有所提及。因此，无论是从全国还是从地方来看，在档案信息资源开发利用方面，由于国家、地方、行业之间还没有完全形成相互联系、彼此配套的法律法规及规章体系，这就导致了目前还不具备条件来制定一部全面系统的有关档案信息开发利用方面的法律。此外，对档案部门和档案管理人员违反法律法规的各种行为（如合法的、正当的档案利用请求得不到满足，档案馆不及时公布档案目录等），很少有人能将其与一般意义上的违法行为联系起来。

总的看来，国家的档案政策和法律法规对档案信息资源开发利用工作起着宏观指导和调控的作用。因此，要大力开发利用档案信息资源，就必须建立起对档案信息资源开发利用的保障，完善有关的档案法律法规，增强现有法律法规的系统性、可操作性和执法的严密性，培养社会和公众对档案部门和档案管理人员违反档案信息资源开发利用规定行为的敏锐性。要及时制定和修订与档案信息资源开发利用有关的配套法律法规和政策，以发挥法律法规和政策对档案信息资源开发利用工作的整体调整功能，从而有效保证全国档案信息资源建设的有序进行，集中组织对档案信息资源的研究开发和利用。

二、经济因素对档案信息资源开发利用的影响

经济因素包括经济制度、生产力水平、经济发展规模和产业结构等。它是社会存在和发展的基础，同时，它也在一定程度上影响着社会的信息需求和档案信息资源的开发利用。这种影响主要表现在以下方面。

首先，社会主义市场经济的建立促进了信息市场的形成，促使档案信息资源开发利用要以信息市场的需求为导向，以信息产品的开发和生产为核心，以服务广大信息用户为宗旨。将档案信息资源转化为现实生产力来推动社会经济的发展，反过来也可以使社会经济成为档案信息资源进一步发展的支持和保障。

其次，随着知识经济时代的到来，知识和信息成为社会和经济发展的战略资源，知识和信息的及时传输、处理成为提高社会生产力和竞争力的关键。档案信息作为国家信息系统中重要而独特的组成部分，有着其他信息资源不可替代的作用。我们只有把握机遇，增加开发利用档案信息资源的科技含量，从宝贵的档案信息资源中提炼、重组出适用于社会和经济发展的信息产品，才能使档案工作的层次和社会地位得到提升。

最后，经费不足是困扰档案信息资源开发利用的一大难题。在档案信息资源的开发利用工作中运用现代技术、购置设备和培训人员等都需要一定的经费支持。《“十四五”全国档案事业发展规划》明确指出：“各级政府要加强档案工作，将档案事业发展经费列入预算，切实加强资金监管，提高使用效益。”可以认为，不走出经费捉襟见肘的窘境，档案信息资源的开发利用将受到很大的限制。

三、体制和观念对档案信息资源开发利用的影响

一方面，从历史上看，档案产生于官府机构，保存于金匮石室，一般秘不示人，直接为统治者服务。中华人民共和国成立后，我国实行的是一种高度集中的管理体制，大量的档案资料以封闭状态保存在档案馆内。所以，长期以来档案馆把档案的保管、保护作为其主要的工作职能，把馆藏建设和基础设施建设作为档案事业发展的重要课题。

档案部门尽管已认识到对档案信息资源开发利用的重要性，但较重视档案为国家机关和社会团体服务的功能，在实际工作中往往忽视了档案馆作为文化事业机构和信息服务中心应为公众服务的功能。一般来说，档案馆基本上不对个人开放，一些单位的档案室，特别是某些行业如教育、军队、政法等的系统更是森严壁垒，难以进入，这使得档案的机要性、保密性大大多于开放性和社会性。

另一方面，由于档案馆属于国家行政事业单位，长期以来发展较平稳，因此其需要提高服务水平以满足信息时代的需求。这就导致了普通用户对馆藏情况、开放范围、利用手续缺乏了解，特别是不熟悉档案信息的组织方式和检索工具的使用，也大大地影响了档案信息的利用效率，这就从一定程度上阻碍了档案信息资源的开发和利用。

随着改革开放和社会主义市场经济建设的深入，政治体制改革被推上议事日程，传统的计划经济体制下的封闭被动的管理体制正逐步向在一定指导下的开放主动的管理体制转变。更新观念，提高认识，充分认识档案信息资源开发的重要

性，向公众提供利用是社会赋予档案工作者的历史重任，是档案工作发展到现阶段的必然要求。不断开发利用档案信息资源是档案工作的生命力所在。档案工作者必须更新观念，开拓进取，树立为社会服务的观念，改变封闭或半封闭的档案服务模式，建立全方位开放的档案信息网，通过向社会提供优质的服务，广泛宣传档案工作，扩大影响，树立“开发档案信息资源，服务于社会主义现代化建设”的观念，以促进生产力发展和社会进步为己任，把档案工作的重心转移到积极主动开发利用档案信息资源的工作上来。

四、社会档案意识对档案信息资源开发利用的影响

社会档案意识是指人们对档案的性质、价值和档案工作的本质、作用、地位的看法，对所承担的保护档案的义务的认识和利用档案的要求。社会档案意识强，档案工作受到的支持就更多，就有利于档案信息资源的开发利用；反之，档案工作就会缺乏社会的支持，得不到社会的理解，无法进行与社会信息的交换。所以档案部门要注意利用各媒体、各种渠道加强宣传，使社会成员了解档案的价值、开放利用的政策和具体规定，从而使档案工作赢得社会的支持，提高公民的档案信息意识。对档案工作本身来说，要尊重公民利用档案这一受法律保护的基本权利，要有强烈的社会责任感和服务意识。档案部门应牢固树立“利用档案不是少数人的特权”的观念，积极了解社会对档案信息的需求倾向，了解各种用户的需求特点，据此制定档案信息资源开发利用的规划和措施。要加强档案部门相互间的联系，以发挥档案系统的整体效应。

现阶段，社会档案意识的高低更多取决于公众从档案利用中得到的实惠。因此，档案服务要贴近民众，要加大开发更多反映社会和生活、与公众密切相关的档案信息产品。但是，目前我国档案部门普遍存在着“四多四少”的现象，即宏观档案多，微观档案少；政务档案多，科技、经济档案少；公务档案多，私人事务档案少；一般档案多，特色档案少。这远远不能满足社会和公众的用档需求，势必影响社会和公众对档案部门的认知度。同时，它又会反过来影响各部门、各行业和公众对档案信息资源开发利用工作的支持。

五、科技进步对档案信息资源开发利用的影响

随着信息技术、计算机技术和通信网络技术的日益普及和大量电子文件的涌现，档案信息资源的开发利用必然发生根本性的变革。科技的进步，尤其是现代

信息技术的发展，为档案信息资源的深层次开发利用创造了条件，以磁带、磁盘或光盘为介质的数字档案成为档案管理的重要对象，档案信息资源将通过网络、电视屏幕、报刊广告等越来越丰富的形式为人们所利用。

在信息社会，档案的载体形态和记录方式均发生了很大变化，纸质档案“一统天下”的格局将被纸质档案、声像档案、电子档案并存的格局所取代，传统的档案利用模式也已向多载体、全方位、深层次地开发利用方向发展。科学技术的发展已经直接影响到档案信息资源的开发和利用，这主要表现在以下三个方面。

首先，从档案人员的素质结构来看，理工科的专业人员较少，表现比较突出的是档案人员对现代化档案信息资源开发利用的手段和技术的不适应，实际操作能力比较差。虽然现在很多省、市、县甚至乡（镇）、村档案馆（室）都较普遍地配备了计算机，但大多数的档案馆（室）只是使用计算机进行档案目录管理。档案信息网络化建设跟不上时代的发展，极大地影响了档案信息资源的开发和利用。

其次，从开发利用的介质来看，高速发展的现代信息技术为档案信息资源提供了新的信息存储载体、传递渠道及信息处理方式，使得档案信息数量剧增，形式各异，从而增加了其开发利用的难度。随着多媒体技术、计算机网络技术和现代通信传输技术的发展，档案的缩微制品、录音／录像制品、印刷品等各种载体形式大量增加，特别是近几年来，电子文件（档案）所占比重不断上升。虽然电子文件的利用目前尚未形成“气候”，但如何借助网络扩展档案信息资源开发和利用的范围，突破档案馆（室）藏的地域和实体界限，实现档案信息资源的数字化及利用服务的网络化将成为我们所期待的目标。

最后，从开发利用的方式和环境来看，数据库技术、光盘技术、多媒体技术、网络技术等的运用，使得档案信息资源的开发利用活动变得更加快捷、深入和有效。传统的档案部门各自为政进行档案信息资源的开发利用将转化为档案信息资源的全面共享，技术的进步将彻底改变以往封闭、狭小的作业环境。在尽可能的情况下，各档案部门必须加强合作，以使有限的资源发挥最大的效益。通过网络，不仅使档案机构内部的各项工作连成整体，而且将各个档案部门和机构也纳入整个社会信息资源系统，成为有机的组成部分。

技术的发展推动了档案信息资源的开发和利用，虽然在一定程度上也带来一些问题，如设备升级换代过于频繁，给选择带来困难；数字信息的普遍存在，给档案信息安全构成前所未有的威胁；档案部门之间发展不平衡，使得应用信息技术能力相对较弱的部门发展较慢；等等。但我们相信，对科学技术的合理运用和有效控制会给档案信息资源的开发利用带来新的面貌。

六、管理制度对档案信息资源开发利用的影响

传统的管理方法缺乏科学手段，在一定程度上制约了档案信息资源的开发利用。如只重视对档案载体的管理，忽略了对档案信息资源的揭示、运用；检索工具单一、缺乏科学的管理方法，使档案信息资源得不到充分的发挥和利用等。在管理过程中，一方面，由于在档案价值鉴定时把关不严或为了本单位使用方便等，不少立档单位随意扩大归档范围、延长保存期限，造成馆藏档案重复内容多、质量不高；另一方面，由于科研人员缺乏归档保存意识，造成许多科研档案丢失，科研档案的完整性得不到保证。

档案管理的规范化、标准化和系统化有利于科学管理和开发利用档案信息资源，它主要体现在以下几个方面：首先，档案信息资源开发利用工作的业务流程设计要合理、科学、紧凑，有利于提高工作效率；要严格按照国家标准进行档案信息的鉴定、整理、统计和利用等工作，要及时根据管理和开发利用对象的变化，对业务流程做相应的调整并逐步优化；其次，引入竞争机制并完善奖惩机制，充分调动档案管理人员的积极性、创造性，积极探索档案信息资源开发利用的新途径和新方法；最后，应致力于档案信息的科学管理，采取一些新的方法把档案信息存储于便于提取、传递的载体中，如将档案信息储存到光盘中或将档案信息进行数字化，以扩大档案信息资源的开发利用等。

七、人员素质对档案信息资源开发利用的影响

在社会主义市场经济条件下，大力开发利用档案信息资源，关键是提高档案管理人员的素质。受传统管理体制影响，以往我国档案部门对档案管理人员的调配多注重政治素质，而忽视了综合素质，特别是专业素质，而且档案管理队伍年龄偏大，知识结构不合理，业务素质偏低，这直接影响了档案信息资源的开发利用。开发利用档案信息资源是长期积累、不断更新的过程，这必然要求档案部门具备相对稳定，专业水平较强、业务素质较高的档案信息开发专职队伍。从目前的档案部门来看，档案信息开发人员无论在观念、意识，还是在经验、能力以及结构上都存在着一定的差距。因此，如何大力提高档案管理人员素质，合理安排与使用人员，激发其主动性和创造性，以适应档案信息资源开发利用工作的需要，是档案部门必须深入思考的问题。

第三节　档案信息资源开发利用的具体措施

大数据“互联网 +”时代的档案信息资源开发工作主要依据互联网思维，运用云计算、大数据等新技术，通过加强与其他领域的合作，对用户需求多样、开发难度攀升、存在信息安全隐患等的“互联网 +”环境带来的挑战提出解决策略。

一、转变档案信息资源开发观念

档案工作者的思维观念决定了档案工作者对档案开发工作的态度及开发方式。在大数据“互联网 +”时代，档案工作者首先要做的是思维上的转变。作为公共服务事业的档案工作，若无法认识到互联网思维的重要性，坚持用传统的思维方式进行档案开发工作，则很难适应新环境下档案开发工作的变化。所以，大数据“互联网 +”环境下，档案信息资源开发观念要向跨界融合、主动服务和个性化定制三方面转变。

（一）加强跨界融合开发观念

“互联网 +”中的“+”是指不同领域相加、相融合，这个“+”不是简单的“1+1=2”，而是不同领域的内部结构的重塑和变革，是各领域间的相互适应和有机协同，是不同领域内部智慧和创新的融合。“互联网 +”时代的一个重要特征就是信息数据的指数增长。信息数据的激增，使得档案部门需要收集、处理更多的档案信息。而这些档案信息的来源也由原先的机关档案室、档案部门、档案馆，扩展为更为丰富的包括网络在内的各种平台。这一环境下，档案信息资源数量庞大、内容复杂，且信息利用者利用需求多变，如果可以转变传统的依靠档案馆开发档案信息的观念，吸取“互联网 +”跨界融合的理念，那么既可以节省成本、提高效率，还能充分体现档案信息自身价值、满足档案利用者的需求。

如英国国家档案馆与社交媒体相结合，为档案信息资源开发提供便利。虽然档案部门曾尝试开发软件以实现自动确认档案，尤其是图片档案信息，但事实上却难以实现。最终，英国国家档案馆将视线投向了社交媒体，它在 Flickr（雅虎旗下图片分享网站）开通了官方账号，将 Flickr 上没有精准描述的图片档案对网民开放添加标签、描述以及评论权限，使浏览者将所掌握的信息充分展现出来，随后由专业人员鉴定筛选并添加到档案信息数据库中。这为英国国家档案馆开发图片档案提供了帮助，此外，网络的传播性也使更多的人了解并接触到了这些档案信息，从另一个角度来说，也为档案关键词著录的全面性奠定了交流基础。由此可见，随着新技术的普及与发展，英国档案部门通过与媒体行业相融合，充分利用网民数量的庞大与媒体行业的发展，促进了档案信息资源的开发。因而，我国档案馆也可以借鉴国外这种与社交媒体相结合的形式，借助网络平台将档案馆中格式不统一、背景信息不完整的档案展示在全国人民面前，增强群众参与档案信息资源开发的主动性，并通过与媒体领域的融合来改善档案信息资源开发工作。

所以说，要想做好档案信息资源开发工作，从思想上就应该注重跨界融合。通常，档案信息资源开发都是以纸质载体的形式出现，如机关单位的年鉴、资料的汇编集等，形式单调缺乏吸引力。档案部门与社交媒体合作，既为档案信息资源开发提供了平台，又促进了大众对档案信息的了解。此外，还应加强与信息技术领域融合。档案部门的工作人员大多缺乏专业的信息技术素养，与信息技术领域融合可以弥补其技术短板。档案部门可以将数据分析、数据整理等技术性较强的工作交与信息技术领域，借助技术手段来化繁为简、化难为易，这不仅提高了档案信息处理的精准性，还节省了档案工作人员的时间，提高了工作效率。当然，跨界融合还要注重档案的保密性，注意其他领域开发权限的设置，在确保信息安全的基础上进行跨界融合。

（二）提高主动服务开发观念

第一，转化观念，主动开发已有档案信息资源。随着信息数量的增多，档案收集工作的范围也由原先的档案机关、档案室移交档案扩大到经审核的网络碎片化信息、遗失海外的档案信息、个人手中的档案资料等，进而丰富了档案信息资源的内容，充实了档案信息资源的数量。如果仍持被动的开发观念，那么将有大量的档案信息资源被束之高阁，难以发挥其价值。所以，档案工作者要积极主动地对入库档案信息资源进行开发，依据档案类型选择合适的开发方式与开发成果形式，让已有档案焕发生机，让档案利用者了解更多的档案内容。

第二，分析数据，主动开发高频率档案信息资源。由于档案信息资源数量庞大，档案工作者的精力与对档案开发的资金投入也有限，档案工作者不可能对所有档案都深入开发，所以，在主动开发已有档案信息资源的基础上，要着重开发那些被多次查找的高频档案信息。也就是说，主动对档案信息利用者的查找数据进行统计，分析档案馆中的哪些信息是大众所共同关注、多次查找的，并对这部分档案信息进行深入开发。主动开发高频档案信息资源，既可以为档案利用者提供方便，又可以了解到该地区档案信息需求的大致方向，从而为档案信息资源建设提供方向。如上海市档案馆在开发民生档案资源时谈到了“开发群众利用率高的档案”。从政策规范中提出了重视对利用率高的档案的开发，也就是要主动开发高频率档案信息资源。

在档案信息资源开发过程中，档案工作者积极主动的开发观念，不仅为档案信息资源价值的实现提供了条件，而且为档案利用者提供了便利。随着“互联网+”时代的不断发展，唯有主动开发才能适应新形势下的档案工作，才能满足档案利用者的利用需求。

（三）注重个性化定制开发观念

随着“互联网＋”时代的发展，社会大众对档案的认识程度逐渐加深，开始有意识地去了解档案、查找档案。因而，传统的以档案部门为中心开发的档案信息资源就很难满足新时代档案利用者的利用需求。

互联网思维的一大亮点是“以用户为王”，虽然我国早就提出了“以人为本”的思想，但两者仍有很大的不同。“以用户为王”是针对用户的习惯、需求，为用户提供合适的服务，强调的是对用户“个性化”的服务，即个性化定制。“互联网＋”时代，档案信息资源开发工作同样需要重视个性化定制服务。档案工作者在主动进行档案信息资源开发工作的基础上，还应对档案利用者的利用需求进行分析，明确档案利用者信息需求的主要方向，进一步进行针对性的信息开发。

如美国国家档案馆在创建 Twitter（推特）账号时，除主账号外，还特别创建了“国会档案”“档案里的今天”等一系列针对不同人群、不同受众的，基于某一专题档案开发成果的账号，特别是“档案里的今天”是专门针对想要将了解历史作为消遣但又没有太多时间的普通民众设计的。这一账号分类设计充分体现了在开发档案信息资源时档案工作者对用户信息利用需求的重视程度。由此，我们也可以将其应用在我们的档案馆微信公众号当中，对“档案里的今天”模块进行开发，注重档案利用者的利用需求，开发档案利用者高频查阅的档案信息，将其以简短易懂的图文并茂形式推送给普通大众，具体可以从以下两方面入手。一方面，加强档案信息资源开发的针对性。将档案利用者每次浏览的页面以及查询过的历史记录进行汇总，分析用户的信息需求与查询习惯，在对高频档案信息资源进行主动开发之后，对高频查询用户进行个性化开发，以方便档案利用者查找信息。另一方面，重视档案信息资源开发的个性化。随着档案知识的不断普及，人们开始关注对档案信息的获取与利用，而大多数档案利用者没有专业的档案知识，因而要想获得全面翔实的档案信息就需要档案工作者的服务与引导。如果能够将档案利用者的信息需求量化分析，并对档案信息资源进行个性化开发，那么不仅可以满足档案利用者的利用需求，还可以提高档案利用效率，减轻档案人员的工作量。

虽然档案开发的最终目的是为档案利用者提供利用，但与图书馆不同，档案馆仍是以保存档案为主的机构，尽管个性化开发很重要，但不能为了个性化开发，而把档案馆变得门庭若市。所以说，无论是主动开发，还是开发要注重个性化，都要建立在不干扰档案部门主要工作的基础上。

在“互联网＋”环境下，从观念上改变档案工作者保守、被动的工作思维，让档案人员带着跨界融合、主动开发、个性化定制的理念进行档案信息资源开发工作，化被动为主动，化保守为融合，使档案信息资源得以充分地开发。

二、应用档案信息资源开发新技术

信息技术水平决定了档案信息资源开发的程度。先进的信息技术不仅可以提高档案信息资源开发工作的效率，还能在一定程度上降低开发成本。“互联网＋”时代在转变人们思想的同时，也产生了大量的新兴技术，这些新的信息技术，虽然在“互联网＋”时代之前就有所体现，但在这一新时代有了更完善和迅速的发展，它们的发展无疑给档案信息资源开发工作带来了新的机遇。

（一）云计算技术

在“互联网＋”时代之前，档案信息资源的开发主要依据档案部门及国家的规定，对档案馆、档案室的馆藏档案信息资源按照相关要求进行开发，开发范围大多是档案馆内已有的档案资源，其数量相对较少，且比较集中，开发主题明确。这一时期的档案信息资源开发工作主要是为了满足档案部门的宣传需要以及科研人员的资料需求，开发工作难度不大。“互联网＋”时代到来之后，信息量的增多也增加了档案信息资源开发工作的工作量，新媒体、微媒体的发展，使得档案信息资源的开发范围不只局限于档案馆、档案室，而是融入了大量的碎片化信息，开发范围变得分散。所以说，要想做好“互联网＋”环境下的档案信息资源开发工作，就要解决好信息数量增多、信息内容多样、信息分布分散这三个问题。

云计算是一种能够通过网络以便利的、按需付费的方式获取计算资源（包括网络、服务器、存储、应用程序和服务等）并提高其可用性的模式，这些资源来自一个共享的、可配置的资源池，并能够以最省力和无人干预的方式进行获取和释放。简单来说，云计算是一种新的技术，它像互联网协议（IP）技术一样，可以用在任何有信息传播需要的地方。它的服务模式主要有软件即服务（SaaS）、平台即服务（PaaS）、基础设施即服务（IaaS）三种。

目前，上海市浦东新区档案局已经构建了“云服务器”来服务档案信息资源开发利用工作，但更多的是对如何运用云计算技术来搭建“档案云”的理论层面的研究与探讨，如有学者提到通过云计算技术构建包括支撑云、业务云、公共云三个平台在内的“云服务”平台，构建“云服务”模型；也有学者提到数字档案云平台。虽然尚没有完整明了的构建档案云的框架，但是结合现有的理论指导，充分运用云计算存储量大、资源分区明确、统一处理的特点，可以搭建一个档案信息资源开发的“云计算档案信息资源开发平台”。

在“云计算档案信息资源开发平台”中，档案工作人员通过应用软件与各档案部门的数据库相连接，并设置碎片化信息筛选功能，将网络中有用、可靠的档案信息进行收集，在云端建立一个统一的档案信息处理平台，并成为档案信息资源开发的统一入口，使云端可以接收到各类档案信息资源，缓解了因信息分散带来的开发不便的问题。将档案信息处理平台的全部信息进行分类，同一类别的档案信息存储在同一个资源池中，不同类别的档案信息存储在不同的资源池中，解决了档案种类多的问题。对不同资源池内的档案信息资源进行分析与开发，将开发后的档案信息分布到云端，方便与其他档案部门进行交流，避免档案信息资源的重复开发，提高档案开发的效率，节省开发成本。所以说，云计算技术在档案信息资源开发工作中的应用，缓解了因信息量剧增带来的档案信息存放问题，以及因档案信息分散带来的开发不便的问题。

（二）大数据技术

在“互联网＋”时代，以大数据技术为代表的核心技术正在迅速发展，它不仅便于海量档案信息数据分析整理，更为档案信息资源开发利用工作提供了帮助。如果说云计算技术缓解了档案信息资源开发工作中信息量增多、信息内容多样、信息分散的问题，大数据技术则解决了档案信息资源开发工作中用户信息需求变化的问题。在“互联网＋”时代来临之前，信息利用者的利用需求是查找到自己所需的档案信息内容。而“互联网＋”时代下的档案信息利用者在利用档案信息时，不单对查找内容有所需求，还对查找的方式，档案信息的表现形式以及查询所花费的时间、精力有所要求。简而言之，新时代的档案信息利用者想要用最短的时间，查找到最准确的、形式多样的档案信息资源。

档案信息资源开发的成果直接影响到档案利用者对档案信息资源的使用。所以说，如何高效开发档案信息资源，以及怎样开发可以适应档案利用者多样化的利用需求，就成为档案信息资源开发的一大问题。关于如何高效开发，可以通过云计算技术；而怎样开发则要考虑大数据技术。

大数据技术的一大特点是，发掘数据中的关联关系，而非因果关系，且其具有强大的数据分析预测功能。如果将大数据的分析预测功能运用到档案开发工作中，无疑会提高工作效率，满足利用需求。在确定档案用户的需求后，应该明确所要解决的问题属于哪种应用类型。应先对现有档案资源如已有的历史数据进行评估，确定是否能够通过数据挖掘技术来解决档案用户的需求，然后进一步确定数据挖掘的目标并制订数据挖掘的计划。针对档案利用者，档案工作者可以收集档案利用者在网页中的浏览信息和查询记录，并对收集到的数据进行统计，发掘数据间的关联关系，分析出用户的利用需求，针对利用需求进行档案开发工作。对一个地区而言，档案工作者可以对该地区某一时期（如近半年）内人们的查询内容进行统计，分析这一时期该地区档案利用者的信息需求方向，预测其下一时期的大致需求方向，选择其中有价值、有意义的主题进行开发，这样既节省了时间，又为档案利用者提供了便利。

上海市浦东新区档案局为了接轨大数据趋势，承担了“浦东民生档案智慧服务系统”项目的开发。这一系统的运行为档案馆开发民生档案信息提供了便利，档案工作者通过该系统的查询数据记录对档案利用者的查档需求进行分析，进而明确下一步民生档案开发的方向，从而为档案利用者提供方便。

当然，档案信息资源开发主要还是以档案部门及国家的政策为主，虽然应该考虑档案利用者个人的个性化信息需求，但不能本末倒置，否则不但不能提高效率，反而增加档案工作者的负担。无论是云计算技术还是大数据技术，“互联网 +”时代档案信息资源开发技术的变革为档案信息资源开发工作带来了很大的便利，在开发过程中，依据规定的开发主题进行开发，运用新技术，对查询率高的、新颖的主题进行适当开发，以促进档案信息资源开发工作的“个性化”，方便档案信息的使用。

三、注重档案信息资源开发成果推广

对于档案的价值和凭证作用，大多数人都没有清晰的认识，只有当需要查询档案时才会去了解档案信息。如今，随着“互联网 +”时代的快速发展，档案在人们的生活中起到的作用也越来越大，人们对档案的求知欲也随之上涨。加之一些档案信息资源虽然已被开发，但由于缺乏宣传与推广，使得开发成果鲜为人知，无法实现其自身的价值。为此，要充分运用“互联网 +”带来的便利，结合档案信息资源开发成果的具体情况，探索出有利于档案开发成果宣传、推广的道路，让档案信息资源开发成果为更多人所了解。

（一）加强跨界融合，增大宣传力度

跨界不是领地的跨界或者行业的延伸，而是组织系统的跨界重组，是打破自己的组织边界与系统结构的重新组合。根据自身的需要加强与其他领域的跨界，改革创新出有利于本行业更好发展的新的发展方向。档案的宣传工作可以充分利用跨界融合这一特征，将档案宣传工作与各级各类新闻媒体相结合，走近人民大众，通过各种形式进行生动形象的宣传。

江苏省在档案信息资源宣传方面，不仅巧妙利用软件、电影、书籍等形象有趣的媒介让更多人认识到档案的重要性，提高人民群众对档案的重视程度；还注重资源融合与跨界合作，将档案宣传工作与省委宣传部、文化艺术公司等结合，通过网络信息手段来加强档案信息资源开发成果的传播，使该地区的档案信息资源在丰富内容的同时，做到“走出去”。凤凰卫视播放的专题纪录片《军旗飘扬 · 六十年国防进行式》以档案资源的原始展现和凤凰卫视特有的传媒视角，向人们展现了中国军队风雨六十年的时代脚步。通过电视媒介将六十年的国防档案信息资源开发成果再现在社会大众面前，加大了对档案信息资源开发成果的宣传，同时也让更多的人了解了我国国防事业的发展。

（二）发展微媒体，拓宽推广范围

微信、微博等微媒体的不断发展是“互联网 +”时代的重要表现，在“互联网 +”环境下，大多数人都使用社交媒体进行日常交流，尤其是二十多岁到五十多岁这个年龄段的手机用户，对微信等微媒体的使用频率和依赖程度明显高于其他年龄段的手机用户，而这一年龄段的手机用户也正是档案信息资源开发成果宣传的主要对象。因此，档案工作人员可以充分利用这一特征，与时俱进，打造具有自身特色的微信公众号和微博账号，让档案信息资源通过微媒体的途径，以碎片化、新颖化的形式传播给用户。档案馆利用微信公众平台向档案用户推送用户感兴趣或利用率较高、时下人们较为关注的档案馆藏信息或者趣味档案。比如，以本馆的馆藏档案信息资源为基础，以历史上的今天为专题，每日向用户推送历史上的今天所发生的事件，以图片形式向用户展示相关的档案资料。如江苏省档案馆创办的微信公众号“江苏档案”，经常会更新一些历史档案故事，这些档案故事都是通过对档案信息资源的加工、组织而来的二次文献或是三次文献，图文

并茂，社会大众在浏览时，只需很短的几分钟就可以了解到一些历史档案事实，还不会感到乏味，无形中让更多的人了解到被开发的档案信息，推广了档案信息资源开发成果。

因此，档案部门更应该抓住这一机遇，重视跨界融合，运用微媒体，以大众喜闻乐见的形式，用更具吸引力、更便捷的方法推动档案信息资源开发成果的宣传，促进档案信息资源建设工作在"互联网 +"环境下的发展。

四、重视档案信息资源开发安全问题

"互联网 +"时代给档案信息资源开发带来新技术、新观念的同时，也带来了新的问题——信息安全问题。在"互联网 +"时代到来之前，档案开发工作主要由档案工作者手工操作完成，从开发主体来说，以档案部门的工作人员为主，只有极少部分的非档案工作人员；从开发客体来说，以纸质载体为主，网络平台信息交流少；从开发方式来说，以人工开发为主，档案数字化程度较低，且大多是对本档案馆馆藏的开发；从开发技术来说，以收集、分类、加工等传统的档案工作为主，对数据分析、数据存储等新技术的运用较少。虽然，计算机等高新技术的运用可以减少因人工失误带来的信息数据错误等问题，但"互联网 +"时代的到来，网络技术的发展会使档案信息资源在开发过程中陷入信息安全问题。

（一）开发主客体注重安全问题

就开发主体而言，"互联网 +"环境下的档案信息资源开发主体更为多样化。与以往的开发由档案部门进行不同，如今，个人、专业技术性人员都可以参与到档案信息资源开发过程中，开发主体的多样化使得接触到档案信息资源的人数增多，这无形中增加了档案损毁和泄密事件发生的概率。因此，在开发档案信息资源时，首先要明确不同开发主体的身份与素质，确保其能够在档案信息资源开发过程中严格遵守制度；其次要对每一位开发主体设置具体的开发权限。由档案工作人员进行权限的设置，对数据统计分析的技术人员只开放用户浏览、查询信息数据平台的权限，供其对已有数据进行分析；对个人只开放留言、咨询平台的权限，供其反馈对档案信息资源开发选题的意见、建议；对开发成果的编辑技术人员只开放档案信息资源开发成果编辑平台，供其将已经加工好的档案信息资源开发成果编辑出不同的形式。对不同的主体依据其在开发过程中的职责设置不同的权限，既保障了档案信息内容的安全，又有利于档案信息资源开发工作的顺利开展。

就开发客体而言，“互联网 +”环境下的档案信息资源开发客体更为多元化。不仅在档案信息资源开发选题方面更注重档案利用者的信息需求，而且在档案信息资源开发选材方面也由纸质载体向多种载体并存转变。随着网络化的加深，档案信息数字化程度大大提高，人们可以足不出户就能查找到自己所需的档案信息资源。所以，档案信息资源的开发要格外注意网络信息安全问题。

（二）开发过程注重安全问题

就开发过程而言，“互联网 +”环境下的档案信息资源开发是多领域的联合开发，是运用网络平台的开发。因此，在搭建开发平台时，安全性就成为重中之重。为确保平台安全运行，浙江省湖州市搭建了基于市政府外网的虚拟专用网络（VPN），并对所有文件在传输前和传输中都进行加密处理，同时制定了平台档案数据管理办法等六项工作制度，此外，还在档案信息资源开发的各个工作环节都用不同的权限进行控制。

在中共中央办公厅、国务院办公厅印发的《关于加强和改进新形势下档案工作的意见》中也提到要保障档案信息安全。建立标准，采取措施，确保电子文件、电子档案长期保存和利用。按照国家规定建立档案信息管理系统安全保密防护体系，推进档案信息系统安全等级保护和分级保护工作。对上网文件、档案进行严格审查，严防把涉密文件、档案传输到非涉密网络上。加强对涉密信息系统、涉密计算机和涉密载体的安全保密管理。由此可见，在档案信息资源开发过程中，档案信息安全问题事关重大。

“互联网 +”时代，在给档案信息资源开发带来观念上的转变、技术上的支持、方式上的变革、成果上的丰富的同时，带来的信息安全问题也不容小觑。档案工作者在享用“互联网 +”带来的机遇时，要加强对网络信息资源的把关，提高档案信息资源质量，加强对档案开发系统权限的设置，以确保档案信息资源的保密性与完整性。

第五章　大数据环境下的档案信息服务创新性研究

近年来，随着信息技术的飞速发展，人们对大数据一词的关注度越来越高。本章为大数据环境下的档案信息服务创新性研究，主要讲述了档案信息服务研究的现状、档案信息服务研究的主要内容、档案信息服务模式面临的机遇与挑战、档案信息服务应用实例分析四个方面的内容。

第一节　档案信息服务研究的现状

在大数据时代，档案机构如何充分发挥主观能动性，开发网络档案信息资源的作用与功能，是档案机构所面临的一个重要问题。大数据技术最重要的价值就是能够迅速处理海量的、多样化的、增长速度极快的信息资源，从而给档案信息服务开辟新的发展道路和创新空间。这成为档案信息服务的主要发展趋势之一。从档案工作的角度来看，与传统“一查一调”的档案信息服务方式相比，运用大数据技术将是一种有效的，且更具生命力的档案信息服务方式。

一、档案信息服务的概念

档案信息服务是指档案馆通过对档案信息的收集、整理、归档、利用等一系列活动，为用户提供其所需的档案信息资源，以满足用户的档案信息需求，为用户解决各种社会问题提供方便的服务。所谓大数据时代的档案信息服务，就是指充分利用云计算和大数据技术，从各种类型的档案信息中，快速获得有价值的信息，实现迅速、优化、系统、科学的档案管理模式。

二、大数据环境下档案信息服务的特点

（一）档案信息服务的智能化

大数据环境下，档案机构工作人员可以通过数据库技术及数据的合理压缩、网络远程信息传递、自动翻译、扫描等技术手段对档案信息资源进行立卷归档，组织成具有有序结构的档案信息资源库，并通过计算机网络技术进行云储存。利用档案数据库系统进行智能计算检索、分析、查询、处理、存储数据等，从而使档案信息资源的开发利用实现数字化和智能化，并实现纸质档案与信息高速公路的接轨。另外，在大数据技术的支持下，还能使用户仔细分辨自己的档案需求，分析所得的结果，改变档案信息形态，从而使档案信息资源得到充分挖掘和利用。

（二）档案信息服务的高效化

随着大数据时代的到来，传统的档案信息服务方式已经不能满足人们快速变化的需求，因此，对一整个库房、一排排档案柜架、一盒一盒的纸质档案进行手工翻阅查找，不仅耗费大量时间和精力，而且准确率也大大降低，严重影响了档案信息资源的有效利用。随着科技的进步，人们可以通过网络终端快速搜索和利用所需的档案信息资源。只要符合档案机构的查阅权限要求，并且遵守保密规定，这种方式就能够大大提高档案检索和利用的效率。

（三）档案信息服务范围的社会化

随着大数据技术的发展，档案信息服务必须获得用户的广泛认可，才能发挥出最大的效用。档案机构的核心任务就是提供优质的服务，以满足社会公众的需求，同时要尽可能降低服务成本，以达到最佳的服务效果。在网络环境下，随着网络资源的拓展和技术的进步，人们可以更方便地查询和使用档案。此外，随着人们对档案重视程度的不断提高，档案机构的用户群也在不断扩大，不管是什么类型的人，无论在哪个地区，都可以共享档案信息资源，这一趋势正在逐步社会化。

三、大数据环境下档案信息服务研究的现状

尽管目前尚无法就大数据做出一个明确的定义，但已有许多人认同大数据是由结构化、半结构化以及非结构化数据组成的，它们的数据量比较大，可以帮助

我们快速、准确地获取各种各样的数据。随着IT基础架构的不断演进，大数据的“4V”特征显而易见：种类丰富、传播速度迅猛、容量巨大、价值无限。大数据不仅仅是一个技术，更是一个信息的载体，它可以提供丰富的、有价值的数据，并通过相关的技术手段，实现对数据的处理、深入分析和价值挖掘，从而推动信息行业的发展。

随着大数据技术的飞速发展，各行各业都在积极探索如何将其应用于实践，档案领域也不例外。在未来，大数据在档案领域的应用将会成为一个热门话题，并且会带来更多有价值的研究成果。在这些研究中，一些学者提出了一种新的方法来构建大数据框架，以便在信息化时代更好地处理档案信息。他们认为，可以建立一个完整的档案信息大数据平台框架，从而更好地利用大数据技术。

通过精准定位用户需求，利用数据分析技术，我们可以为用户提供个性化、智能化的优质推送服务。一些学者深入探讨了大数据时代档案管理与服务所面临的挑战，并提出了一系列有效的解决方案，以满足用户的需求，促进档案工作的发展；还有一些学者深入探讨了大数据环境下企业文书档案的信息化管理及利用问题，从服务理念、技术应用、人才队伍、安全风险等多方面分析了大数据对传统档案信息服务的挑战，并提出了有效的解决方案，以期更好地满足企业文书档案管理的需求。随着大数据技术的发展，关于档案信息服务创新的研究也日益增多。

第二节　档案信息服务研究的主要内容

一、大数据环境下开展档案信息服务的必要性和可能性

传统档案信息服务主要建立在馆藏基础之上，服务地点局限于档案馆内，服务手段相对落后，服务速度和效率受到极大的影响。传统档案信息服务的种种弊端催产了档案信息服务的大数据化管理模式。

（一）大数据环境下开展档案信息服务的必要性

1．传统档案信息服务的内容单一

传统档案信息服务以纸质档案的提供为主，主要为档案借阅服务（档案外借、制发，档案复制本等），内容单一，大大限制了视频、音频等多媒体信息的利用

以及综合开发利用。在大数据时代，档案馆的馆藏数量变得非常庞大，既包括传统的纸质档案，也包括电子档案。这些数据和记录都被纳入了大数据的范围，使得档案资源变得更加丰富，类型也变得更加多样。此外，人们越来越注重对档案数据进行整体分析，以发现它们之间的关联，而不再仅仅依靠零散的数据。所以，在大数据环境下，不仅要开展档案信息服务，更要创新档案信息服务。

2. 传统档案信息服务的手段落后

传统档案信息服务一般不借助计算机，以人工处理为主。手工式操作让整个服务过程较为烦琐，且档案原件在长期利用中受各种因素的制约容易出现磨损，影响后期利用。在大数据环境下，TB 级非结构化数据的出现让传统数据处理技术受到质疑。我们必须借助数据挖掘、知识挖掘技术，从大数据档案中挖掘符合用户需要的信息，才可以改变人工服务方式所带来的不便，实现向大数据管理模式的转变，尤其对于对服务速度要求很高、动态更新的档案，借助传统服务手段既影响效率又影响效果，只有不断改进档案信息服务的手段，才能更好地顺应大数据热潮。

（二）大数据环境下开展档案信息服务的可能性

1. 档案领域具备现实的发展环境

随着新兴技术的出现和发展，我国档案事业逐步向智慧化发展。各项社会实践活动产生了大量的数据信息，包括各级各类档案机构的信息、传统载体档案的数字化信息和数字化环境中产生的电子档案等，这些多样化的档案大数据如果只是简单地应用于传统档案馆的服务中将很难实现档案信息服务的创新与发展。面对社会发展的实际和用户对档案多样化、个性化、集成化的需求，契合大数据时代的技术，将“为政府作嫁衣，为领导当参谋”的档案部门转化为资源建设部门是新时代档案工作的方向。档案大数据为大数据时代档案信息服务的开展提供了基本的素材积累，档案事业顺应大数据潮流的发展方向更为这一背景下档案信息服务的开展提供了指导思想，切实打造了现实而可靠的发展环境。

2. 馆藏档案具备典型的大数据特性

第一，馆藏档案数据体量浩大，类型多样。实体档案馆和数字档案馆的数据资源都极为丰富，既有传统纸质档案，又有档案馆搜索引擎、BBS（公告板系统）论坛类、电子邮件类、网络电话、视频会议、档案网站等的半结构化和非结构化的信息等。相应地，档案馆的存储介质也越来越多样，磁盘、光盘、云盘、移动硬盘等的出现让档案信息存储密度更高，集成性更强，更加符合大数据“4V+1C”的特点，为档案馆在大数据环境下开展档案信息服务奠定了基础。

第二，馆藏档案数据易于处理。在大数据环境下，馆藏档案数据的分析已由传统的人工分析转变为以网络分析和数据分析为主，档案工作者一敲一点之间，只需要几秒钟就能实现对馆藏数据的简单统计。以既有数据为基础，加上计算机工具的简单操作，可以很快得出分析结果。大数据时代，更多新技术的出现让信息生产和加工的成本逐步下降，处理更加简单，使以前只有少数管理阶层才能进行的加工活动增加了更多参与者。

第三，馆藏档案数据价值巨大，但密度很低。档案是历史留给我们的社会记忆，具有其他材料不具有的价值，同时，其价值还有大小之分。尽管馆藏档案数据量可能不是最重要的因素，但它们却可以为我们提供宝贵的信息资源。然而，过度的数据集成会导致数据垃圾的泛滥，从而降低档案的价值密度。因此，在数据集成过程中，应该进行有效的筛选和清理，以确保数据的有效利用。由此也可看出，档案数据量的增加并不一定会带来更高的价值。

二、大数据环境下档案信息服务创新性研究的主要内容

大数据给档案信息服务模式带来了冲击，未来档案服务机构的核心竞争力很大程度上取决于其信息服务的能力，这就要求档案服务机构就服务方式进行创新。大数据时代是信息的时代，不仅包括繁多的数据，也包括各种数据平台，如Web2.0、微博、微信等。下面我们就数据平台对档案信息服务创新的方式谈一下自己的认识。

（一）云计算背景下的档案信息服务

在云计算背景下，构建数字档案馆是受“服务型数字档案馆”的启发而提出的。之所以构建数字档案馆，是因为数字档案馆能够使档案云服务平台应用起来，并且使其系统能够得到有效运营和维护，最大限度地实现档案信息云服务，满足档案信息用户的各种需求。基于云计算构建数字档案馆，提供档案信息云服务，已经是当前档案信息服务模式的一大趋势。下面用一个案例来说明利用云计算提供档案信息云服务已经是一大创新服务方式。

1. 基于云计算，浙江省丽水市云档案共享系统构建便民服务“连心桥”

丽水市档案馆为了方便提供用户档案信息服务，构建了云档案共享系统。丽水市云档案共享系统是一个崭新的创新性服务系统，引领着全国云档案服务系统。

“1+9+N”档案协同管理系统被国家档案局档案科学技术研究所认定为全国首创。通过“1+9+N”档案协同管理系统，丽水市的数字档案室管理、档案登记备份和云档案信息共享得以有效整合，实现了9县（市、区）及各级机关数字档案室的协同管理，为社会提供了更加便捷的服务。通过“百度式”检索，档案目录数据库和全文数据库可以实现统一管理，并将所有开放的档案信息资源整合到一个平台上，以便更加便捷地进行检索和利用。在云档案共享系统中，用户只需要在搜索栏输入关键词，就可以检索出市、县、乡所有档案室的档案信息。以往借阅档案需要走多步流程，甚至排很长时间的队才能查到极其有限的档案信息，很辛苦、很麻烦，如今只需通过网络，输入几个关键词就可以查到自己想要的档案信息，极其方便、极其贴心。

丽水市云档案共享系统主要包括三个部分：一是档案与电子文件登记备份系统，该部分主要是“将电子文件及其元数据进行封装和备份”，包括将涉民单位管理系统的电子数据进行在线登记备份和将电子文件转缩微品的异质备份；二是机关数字档案室管理系统，该部分主要先将办公自动化（OA）系统中形成的电子文件及其元数据进行完整迁移，然后进行在线逻辑归档和物理归档，并将纸质档案进行数字化，最后将加工成果进行批量挂接；三是档案目录以及原文资源库共享系统，该部分主要是对档案和档案目录的著录格式进行全文检索，构建档案全文数据库和目录数据库，并制作出搜索引擎，实现云档案信息资源共享，满足用户的个性化需求。这三个部分构成了丽水市云档案共享系统，极大地提高了丽水市档案信息服务水平。

2. 基于云计算数字档案馆提供创新性云服务

基于云计算构建数字档案馆主要是为了对全国的数字档案信息资源进行统一管理，为档案信息服务工作者提供便捷的服务平台。我们在改善原有的数字档案馆服务模式以及创建新的服务模式时，可以借鉴丽水市云服务共享系统的成功之处，并在此基础上进行调整，在保持档案馆特色档案服务的同时，要适应当前的利用需要，提高服务质量和效率。大体上，数字档案馆云服务系统模型包括以下五个部分：数字档案信息资源、档案云服务基础、档案云服务控制、档案云服务应用、用户终端设备，如图 5-2-1 所示。

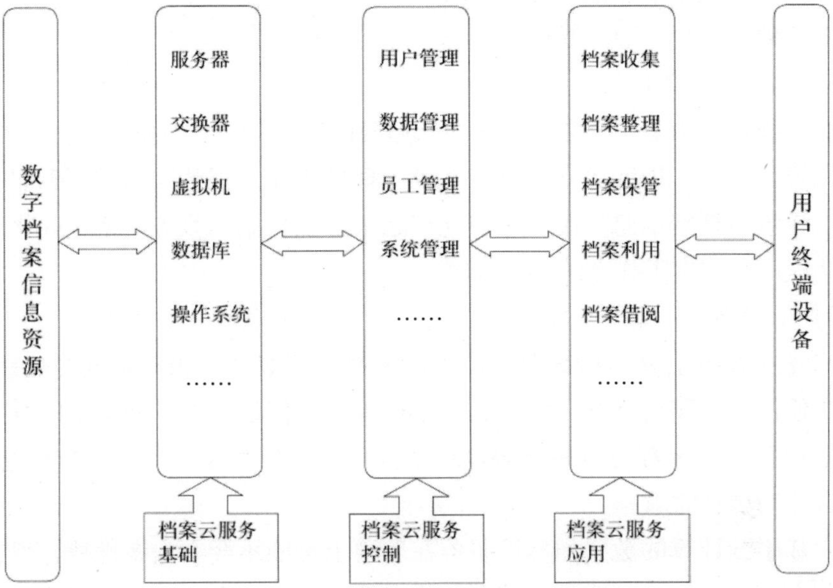

图 5-2-1　数字档案馆云服务系统模型

（1）数字档案信息资源

基于云计算的数字档案馆可以将多个实体档案馆、机关档案室、数字档案馆等的档案信息资源进行组合，形成一个云档案共享网络。这个方式能够很好地提高数字档案信息资源的利用率，更加全面地满足档案利用者的利用需求。随着机密性档案的不断降密和公开，越来越多的档案信息展现在世人面前，供档案利用者查阅，档案信息的利用范围也越来越广。因此，为满足档案利用者的信息需求，数字档案馆需要不断收集实体档案馆的档案信息资源来充实档案云服务资源库。

（2）档案云服务基础

档案云服务基础是实现数字档案馆云服务的基础部分和硬件要求，为数字档案云服务提供操作平台，主要包括服务器、交换器、虚拟机、数据库和操作系统等。云计算中的应用程序只在互联网上运行，不需要在本地计算机安装，避免了用户的安装、维护等。但可以肯定的是，档案云服务基础在数字档案馆服务中占有基础性地位。

（3）档案云服务控制

档案云服务控制是实现数字档案馆云服务的核心部分，包括用户管理、数据管理、员工管理、系统管理等。档案云服务控制主要对档案资源、服务器、虚拟机、交换器、操作系统等设备进行管理和控制，保证系统的正常运行，为档案云服务应用打下基础。

（4）档案云服务应用

档案云服务应用是实现数字档案馆云服务的重要环节，主要包括档案的收集、整理、保管、利用、借阅等众多档案基础管理性工作。正是因为档案云服务的应用，才能将数字档案信息资源与用户连接起来形成档案云服务网络，简化档案用户的借阅程序和档案工作者的工作内容。

（5）用户终端设备

用户终端设备主要为档案用户提供进入数字档案馆云服务系统的端口服务，它可以是任何一种移动终端，如电脑、手机等。任何档案馆、档案室以及其他档案管理机构和个人等都可以不受限制地访问任何数字档案馆中的档案信息资源，以满足自身的信息需求。

建立基于云计算的数字档案馆服务在理论上可能不会有太多挑战，但在实际应用中却存在许多困难。这需要档案工作者勇于挑战，有目标，有毅力，并对现有的档案信息服务模式进行改革。随着云计算技术的不断发展，档案信息服务的影响力也在不断扩大，人们不断投入更多的精力、资源和资金来改善档案信息服务，未来的档案信息服务模式将会发生翻天覆地的变化。

（二）Web2.0 背景下的档案信息服务

1. 基于 Web2.0 美国国家档案与文件署签署网站协议

美国国家档案与文件署（NARA）是美国联邦政府系统中最重要的档案管理机构，它首次将 Web2.0 技术应用于档案信息服务，为档案管理提供了一种全新的、高效的方式，使得档案管理更加便捷、高效。通过 Web2.0，档案服务机构可以更加便捷地发布信息、讨论相关话题、获取公众反馈，从而更好地与用户建立联系。为此，NARA 与多家 Web2.0 网站签署了合作协议，利用 Web2.0 技术推送最新档案信息，以提升档案服务的效率和质量。

在 NARA 官方网站的首页上，我们单击“Contact Us（联系我们）”按钮，就会进入 NARA 社交媒体与 Web2.0 网页。在该网页上，NARA 不断扩大 Web2.0 应用和社交媒体项目，包括 Blog(博客)、Facebook(脸书)、RSS Feeds(简易信息聚合源)、Twitter、YouTube 等应用。

Blog 是个人或群体按照时间先后发表信息的交流方式。NARA 把 Blog 作为民众分享档案信息的重要方式，Blog 也是民众反馈档案信息的重要方式。

Facebook、Twitter、YouTube 是美国有名的社会网络服务型网站，而且功能各有侧重，如 Facebook 是侧重为用户提供照片分享的网络平台，而 YouTube 则是侧重为用户提供视频分享的网络平台。无论功能如何，这些网站都是 NARA 与档案用户就档案信息与档案问题进行发布与讨论的公众平台。RSS Feeds 是 NARA 与其他网站站点进行分享档案信息的简易途径。RSS Feeds 的优点主要是发布成本比较低。对 NARA 和档案利用者来说，几乎所有的 Web2.0 网站都是由非政府的第三方社会力量开发的。NARA 对 Web2.0 网站进行了说明并提供链接，便于 NARA 的档案工作人员和档案利用者进行交流与沟通。

2. 基于 Web2.0 构建档案信息服务互动系统

由上述的美国国家档案与文件署利用 Web2.0 为公众提供档案信息服务的案例可知，要想在 Web2.0 背景下对档案信息服务方式进行创新，档案信息服务机构就必须做好其与用户之间的交流。我们认为，要想创新必须要有创新的思维、清晰的思路。基于 Web2.0 的档案信息服务创新思维如图 5-2-2 所示，我们将其运用到档案信息服务机构，创立基于 Web2.0 的档案信息服务互动系统。该系统在借鉴 NARA 的基础上结合本机构的服务特点进行创建，主要包括以下三大板块：用户板块、档案信息服务人员板块和咨询板块。

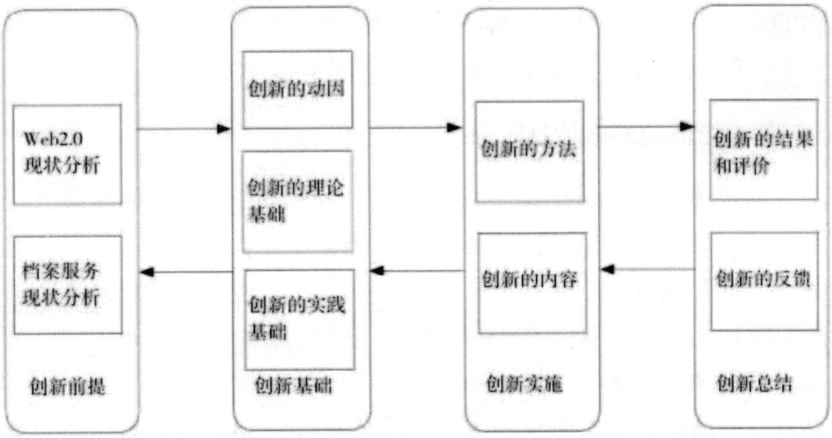

图 5-2-2　基于 Web2.0 的档案信息服务创新思维

（1）用户板块

该板块主要由用户管理和用户认证两部分组成。用户管理部分负责收集和存储用户的个性化档案信息，通过用户认证后，用户可以获得更多的服务，如查询相关资源、与档案工作者进行交流、向档案机构推荐有用的信息等。用户认证部分则是档案服务机构对档案用户的权限设置，只有通过认证的用户才可以使用系统内的信息资源。

（2）档案信息服务人员板块

该板块主要包括信息发布、资源简介、交流方式（QQ、Blog、微信）等。信息发布主要是本档案机构发布给员工的内部工作信息，如值班日期、工作模式、管理规定等内部服务性和管理性文件。资源简介主要是利用简易信息聚合（RSS）技术将本机构的档案信息发送给档案利用者，并且将文字、图片或视频档案结合使用来引起用户的兴趣。交流方式则是档案机构向员工提供的进行信息交流、发表心得体会的重要方式。

（3）咨询板块

该板块是用户与档案工作人员进行沟通的地方。用户通过咨询板块进行信息咨询，并利用QQ、微信、Blog进行信息留言与档案工作人员保持密切联系。信息服务人员也可利用该板块为用户答疑来提高服务质量。

档案信息服务互动系统是一个全方位的档案信息交流平台。它由档案服务机构采用Web2.0技术自发研制，满足档案利用者的多样化需求，它是一个功能强大的档案服务互动平台，简化了档案工作人员的操作流程，显著提高了档案信息服务工作的质量和效率。此外，Web2.0技术在档案信息服务中的应用将使服务质量更加个性化和人性化，从而增强档案部门的核心竞争力。

（三）基于微信的档案信息服务

微信可以快速方便地发送文字、图片、声音、视频等。用户可以通过关注微信公众号来了解想要知道的信息。如今许多档案馆、档案室、立档单位等档案服务机构基本上都开通了微信公众号，为广大微信用户提供档案信息服务。这项举措无疑是在原有档案信息服务方式的基础上进行的服务创新。

1. 基于微信青岛市档案馆开通微信公众号

青岛市档案馆开通了“青岛档案”微信公众号，为微信使用者提供信息服务，其主要功能是提供档案信息在线查询和咨询服务。这个举措对不能亲自到青岛市档案馆查阅档案的人员来说是一大福利。微信用户只需要搜索“青岛档案”这一公众号或扫描公众号二维码就可以进行关注，随后进入“青岛档案”微信公众号查询自己想要了解的信息。“青岛档案”微信公众号包含的内容非常齐全，无论是在线查询，还是在线咨询都非常完备。这项举措扩大了档案的利用范围，提高了档案的利用率，满足了用户的档案利用需求。因此，除了青岛市档案馆开通档案微信公众号，很多档案馆、档案室和档案服务机构也开通了档案微信公众号。

2. 基于微信构建档案信息服务平台

当前各类档案服务机构都可以借鉴开通微信公众号的方法提高档案服务水平。开通“青岛档案”微信公众号是青岛市档案馆实施的一大创新服务举措，极大地推动了档案信息服务事业的发展。其他档案服务机构也可以按照青岛市档案馆的做法创建各自的微信公众号，构建档案信息服务平台。我们认为，这个平台大致可包括以下几个板块。

（1）档案推送

档案工作者必须利用微信向微信用户发布并且推荐一些档案信息资料，无论是文字信息、图片信息还是视频信息，确保微信用户能够看到自己感兴趣的档案资料，以提高档案信息的公开度和利用率。这些档案资料不仅要包括国家机关档案、社会组织档案、企业档案、个人档案等，还要包括本馆特色的档案信息。同时，档案工作者可以利用微信公众号发布一些最新的馆藏信息，如档案馆开放信息、讲座信息、展览信息等。总而言之，档案推送这一板块主要是用来全面展示本馆馆藏信息与最新信息的。

（2）档案查询

档案查询主要是对用户提供查档服务，根据主题、关键词、责任者等为用户提供相关的档案信息。服务范围包括档案馆藏资源目录体系、档案使用方法，并在帮助用户的过程中不断总结用户需求，有组织、有计划地组织好档案信息资源、档案资料等。同时，档案服务机构要逐步改善技术水平，创建档案服务系统，提高档案信息服务的查全率与查准率；要逐渐完善和丰富档案内容，无论是文字、图片还是视频，都要一应俱全，为用户提供丰富的档案资料以供其参考和查询。

（3）档案咨询

档案咨询是档案服务机构与用户相连接的纽带。微信作为新兴的信息交流媒体具有优秀的社交网络服务属性，人与人之间可以进行实时交流、互动和资源共享。用户通过微信能够直接和档案服务人员进行交流，一对一的方式使双方的交流更为顺畅，也能逐步建立起档案服务人员与用户之间的情感桥梁。通过档案咨询，档案服务人员会认识到工作中有哪些不足，从而提高服务效率；而用户则可以通过在线咨询完整地得到档案服务人员的答复，对档案工作的理解将会更加深刻，以促进档案服务人员工作的顺利开展。

我们认为以上三个板块是任何一个档案微信服务平台都必须具备的，其他的附加功能则是根据各地档案服务机构的服务方式、服务内容、服务范围等所决定的，不用作太多具体的要求。不同的档案信息服务机构应有各自的服务特色，不能千篇一律。

总之，档案信息服务历来伴随着档案发展的全过程，从分散服务到系统服务，逐渐完善成为一个服务体系。随着社会的发展，档案工作正实现着从重“藏”到重“用”、从为一小部分人服务到面向社会服务的重大转变。从纵向层面讲，档案信息资源至今还没有完全开发出来；从横向层面讲，档案服务机构至今还未建立起较为完善的档案信息服务模式以及体系。因此，研究档案信息服务相关内容应该成为档案发展事业要务之一。

在大数据时代下，将档案信息服务置于Web2.0环境、云计算环境，并和各种交流App（应用）软件相结合，来研究档案信息服务将如何创新开展。在Web2.0环境下，我们可以通过构建档案信息服务互动系统来改变原有的服务方式；在云计算环境下，我们可以通过构建数字档案馆形势下的创新性云服务来提高档案信息服务效率；在微信背景下，我们可以利用微信及其他手机App软件便捷地推广档案信息服务范围。虽然目前在理论研究层面和实践探索层面已经取得了一定的成果和经验，但是我们在对档案信息服务方式进行创新性研究的同时要注意以下三个方面的问题：一是要提高档案工作人员的服务意识，紧随时代步伐，重视研究、宣传和利用网络技术优化档案信息服务；二是要深化微信平台内容、功能、资源等方面的开发与研究；三是要借鉴其他领域的成功经验，注重理论研究与实践经验相结合。

第三节　档案信息服务模式面临的机遇与挑战

随着科技的飞速发展，大数据理念已经深刻地影响了人们的学习、工作和生活方式，为档案信息服务带来了前所未有的机遇和挑战。

一、大数据环境下档案信息服务工作的机遇与挑战

（一）大数据环境下档案信息服务工作的机遇

大数据时代，信息资源增长迅猛，丰富了馆藏档案信息资源的内容和数量。一方面，“互联网＋”环境下出现了泛档案化的现象，对传统的档案格局形成了

较大冲击，原有档案信息资源与网络化所产生的信息资源的结合，使档案信息更具有完整性；另一方面，随着互联网的高速发展和普及，自媒体的发展使全民的言论自由得到最大化显现，出现了语言狂欢化的现象，各种社会问题、新闻事件都能够出现在网络上，这也成为档案信息的一部分。另外，随着档案数字化工作的推进，一些原来被忽略或者不被发现的档案信息也将被重视起来。

大数据环境促进档案信息服务效率的提高。当今时代，手机通信和互联网应用已经相当普及，信息的网络化传播使人们足不出户就可以尽知天下事。在这种时代背景下，档案信息的数字化和网络化可以大大方便人们对档案信息的查询、查阅，提高档案信息服务的工作效率。

（二）大数据环境下档案信息服务工作的挑战

大数据时代，档案信息服务工作面临管理理念、管理技术、管理成本和人才等方面的挑战。

1. 档案管理理念方面

传统的档案管理理念强调以档案为中心，将其价值作为收集信息的首要标准，并且强调对档案信息的分析和解读必须具备严谨的专业性和科学性。这种方式虽然需要耗费大量的人力、物力和时间，但也使得档案收录和分析变得更加精确、高效。相比较而言，在大数据管理理念指导下的档案工作呈现泛档案化和价值性被弱化等特征，视频、音频、图片、文字等丰富的档案形式和冗杂的档案量，为传统的档案信息服务模式带来了新的挑战，档案信息化、开放性、多元性等大数据时代特征的出现，使档案管理理念向着服务化的方向发展。

2. 档案管理技术方面

传统的档案管理技术主要依靠人力开展信息收录与分析，而这种耗时费力的工作方式决定了最终形成的档案信息量较小，不存在数据存储容量不足的问题。而大数据时代信息收录与分析效率的大大提高，再加上泛档案化所带来的档案信息量的急剧增加，使数据存储容量成了不得不考虑的问题。同时，信息安全问题随之而来，档案数据的损坏、泄露或非法占用等都是现实存在的问题。档案管理与服务工作要想在未来有大的进展，最基本的和关键的就是要确保信息数据的安全。

3. 档案管理成本和人才方面

在档案管理与服务工作中引入大数据理念，离不开一定的技术支持，这就需要配置专门的计算机平台，进行专门的应用系统的研发与购买，以及获得其他一些技术性的系统支持。即使已有的技术储备和电脑设备可用，也需要进行较全面的升级，以便更好地与大数据理念衔接起来。另外，专业人才的引进和培训也是必须要做的工作，有了配套的系统而没有懂行的专业人才，也是不可能真正实现大数据背景下档案工作改革突破的，因为无论技术系统多么先进和完善，都离不开人的操作。综合这些因素可知，档案管理与服务工作的改革更新成本还是不小的，至少对地方档案管理部门来说这着实是一项严峻的挑战。

二、大数据环境下档案信息服务的创新路径

数据可以被视为一种宝贵的财富，它可以为我们提供服务，从而实现价值的最大化。因此，我们应该积极开发和利用档案资源，将它们转化为可持续发展的财富，从而实现真正的价值最大化。为了更好地利用档案资源，我们必须加快开放的步伐，改变传统的服务模式，建立一个以档案资源价值为核心的知识服务体系。

（一）紧跟时代步伐，创新档案信息服务理念

随着技术便利化的发展，人们对数据的需求变得急切、复杂和多元。档案部门应创新服务理念，向“服务型”部门转型，做到由“坐等人上门”向“主动服务”倾斜。在运用信息技术把隐藏在海量数据中的知识揭示出来的同时，主动对用户需求进行追踪、了解、调查、研究，有针对性地对数据进行量化分析，针对不同用户的不同需求实行信息推送，实现主动服务、精准服务。

要实现档案资源物尽其用和档案工作向“服务型”转型，需坚持四种服务理念，即人性化服务、个性化服务、智能化服务和知识化服务。首先，“以人为本”思想的核心是以用户为中心，通过人性化的服务流程和服务态度简化操作流程，提供热情、周到、用心、耐心、专心的服务，以满足用户的需求。其次，档案部门还应该深入了解和掌握档案使用者的实际需求，并将用户和数据信息进行有效的分类整理，以提供快捷、精准的服务。最后，通过智能化的数据处理系统实现档案数据的科学化、智能化，从而更好地满足用户的需求。通过快速的数据分析和智能抓取技术，我们可以为用户提供高效、便捷的服务，并促进档案知识的流通和广泛传播；通过利用先进的信息技术，我们可以将档案信息转换成更有价值的内容。这种转换将有助于我们更好地利用信息，并且能够更好地满足客户的需求。我们的目标是打造一个完善的档案信息服务体系，使我们能够更好地收集、整理、分析、传播信息，从而更好地满足客户的需求。

（二）利用大数据优势创新档案信息服务内容

随着大数据时代的到来，“大档案观”这一新的广义概念开始出现，它不仅体现了新时代泛档案化的趋势，而且也为档案内容提供了更加丰富的形式，使得档案部门可以更加有效地收集更多类别广泛、形式多样、价值更高的数据资源，从而更好地实现馆藏纸质档案的数字化和接收档案文件的电子化。随着网络的发展，数据类型变得更加丰富多彩，从结构化数据到半结构化数据，从数字到符号，从关系型数据库到文本、表格、图像、影音等非结构化数据，如电子邮件、HTML（超文本标记语言）文档等，都应该被纳入大数据时代的档案收集范畴，以更好地满足社会发展的需求。为了有效地收集和整理新的内容，我们需要采用创新的方法，实时监测网络资源，并及时采集有价值的信息数据。由于网络信息数据的变化速度很快，而且数量巨大，因此我们必须积极主动地搜索和利用这些资源。档案部门应该积极推动并努力培养网民的信息归档意识，以减少收集重要信息数据的负担。

（三）积极挖掘档案信息服务渠道，提高档案信息服务效率

随着网络的迅速发展，信息传播的方式和渠道都得到了极大的改善，因此，档案信息服务的传统途径也必须进行相应的调整。为了实现多元化、科技化和网络化的档案信息服务，我们应该充分利用新兴媒体，云计算、云存储等云服务手段，以及网络的远程功能，来提升档案信息服务的效率。通过积极开发微服务，利用微博、微信等新媒体的强大功能，实现信息的即时传播、分享和交流，以满足用户的需求。通过开通微博账号和微信公众号，档案部门可以更加便捷地传播档案信息，并且可以更广泛地向公众提供服务。这样，档案信息的传播范围就会更广，传播效率也会更高。此外，远程服务还可以最大限度地减少地理区域的限制，使档案信息服务更加方便快捷，节省成本，并且能够更快地到达目的地。通过利用云计算技术和云存储资源，档案云服务可以将分散的档案信息组织起来，形成一个完整的服务云，这种服务模式可以有效提升国家档案信息资源共享的效率，同时具有低成本、高安全性等优势。云服务可以为社会大众提供安全、便捷的档案查询和共享功能。

中国有“变则通，通则久”的古训，社会发展的步伐不断加快，为了更好地服务于人民、党和国家、社会和个人，档案服务工作必须跟上时代的步伐，引进创新的服务理念和先进的技术，完善服务系统，改善服务态度，以满足时代发展的需求。

第四节　档案信息服务应用实例分析

一、档案网站与档案信息服务实例分析

档案网站是档案部门在互联的公共信息网络上建立的站点，它以网页形式提供相关信息和相关服务，构成公共信息网络的一个节点。档案网站建设是档案部门信息化建设的一项基础性工作和档案信息服务的重要手段。

目前，国内众多档案馆开设了档案门户网站，将档案信息按照一定的主题或分类法进行组织，提供网页浏览、查询、下载等功能，以进行网络服务。

（一）美国国家档案馆网站建设实例

美国国家档案馆是美国国家级综合性档案馆，是美国保管联邦政府档案文件的机构，由美国国家档案与文件署管理。

1．网站上线

20 世纪 80 年代，美国国家档案馆率先创建了档案网站，网站具有政务指导职能和具体业务职能。网站经过多次改版，曾经有一级类目 18 个，加上二级类目，总数近 200 个，体系完整，结构清晰，内容丰富。目前网站的一级类目主要有文件检索、研究我们的档案、退伍军人服务档案、教师资源、访问我们等。

2．网站检索功能

网站提供了“搜索 NARA 网页”和“搜索 NARA 网站数据库”两种检索方式。“搜索 NARA 网页”提供了简单的查询功能，可以通过全文、标题、关键词、图片链接和时间等字段进行多种查询。“搜索 NARA 网站数据库”则提供了五种特定数据库链接，包括馆藏在线地址、缩微胶片的地址和说明、肯尼迪遇刺事件文件、联邦记录出版物和图书馆目录。

（二）上海档案信息网建设实例

上海市档案局（馆）于 1999 年正式上线“上海档案信息网”。上海档案信息网是档案部门参与政府门户网站建设，在政府门户网站框架内构筑起来的，它既是上海市档案信息专业网站，又是上海市政府门户网站的重要组成部分。上海档案信息网设有局（馆）概况、馆藏指南、珍档集萃、史料研究等栏目，主要介绍上海市档案局（馆）以及内设机构的基本职能、档案行政管理的政务项目、查档

手续、全宗指南、开放目录、档案展览、馆藏史料等。其中的档案查询服务功能支持档案利用者在网上查询开放档案目录。

2022 年 3 月 10 日上海市档案局（馆）推行线上查档服务。服务不“打烊”，查档上“云端”，为满足市民的查档利用需求，上海市档案局（馆）推出线上服务方式，市民可足不出户通过 PC（个人计算机）端、手机端等体验在线查阅或线上咨询。与此同时，上海市档案局（馆）推出民生档案“不见面办理”服务，市民可通过“随申办市民云”App、“随申办”微信小程序和支付宝小程序，手机在线申请查询 22 类民生档案，足不出户就可获得所需的档案材料。

2023 年 2 月 28 日，上海市档案工作会议召开。会议指出，2022 年全市档案部门积极发挥档案资政育人作用，在数字化转型、档案为民工作上取得新成效。要深入学习贯彻党的二十大和习近平总书记对档案工作重要批示精神，站稳政治立场，把牢政治方向，忠诚拥护“两个确立”、坚决做到“两个维护”，胸怀“国之大者”“城之要者”，在担当履职中围绕中心工作，服务发展大局。会议强调，要深入贯彻落实习近平总书记重要批示精神，更好服务国家战略和全市中心工作，推进长三角档案工作一体化高质量发展，加强“四重”档案归集，更好发挥红色档案在弘扬伟大建党精神中的独特作用，讲好党的故事、红色故事，传播好党的创新理论。要更好增强档案为民服务能力，做好档案为民各项工作。要夯实档案工作基层基础，更加有力推进档案数字化转型，提升档案现代化水平。要把档案安全放在更加突出的位置，以档案工作绝对安全保障档案事业高质量发展。要不断加强高素质专业化档案干部队伍建设，推动新时代上海档案事业取得新业绩、新发展。

二、档案论坛与档案信息服务实例分析

BBS 是一个被广泛使用的专注于网络技术交流的社区，它为人们提供了交流的平台。BBS 最初是一个用来发布股市信息的社区，当时的它甚至没有文件传输功能，而且只能在苹果电脑上运行。但是，随着网络知识的迅速传播，各行各业都有了一个可以在网络上交流的空间，论坛就成了最理想的场所。

档案论坛是中国首家档案管理专业指导网站——档案网创办的方便档案从业人员进行档案管理交流的网上社区。社区包括论坛、群组和博客三个部分。论坛主要提供档案资讯、档案理论、档案实务、休闲娱乐等服务，是档案人最温馨的家园。

档案界论坛由河南档案管理杂志社主办，是一个具有专业性的网络社区，它在档案领域拥有广泛的影响力，并且受到了广大用户的一致好评。

（一）档案界论坛概况

档案界论坛是一个以档案管理杂志社为主体的网络社区，它以BBS功能为基础，致力于为档案界提供一个交流的平台。

自创办以来，档案界论坛发展迅猛，并不断完善和改进，经过几次大的改动，形成了一个基本稳定、略有调整的版块结构，涵盖了档案界的理论、实践、图片、历史等多个领域，为档案界提供了一个全新的交流平台，促进了档案界的发展和进步。这个论坛不仅包含一些文化娱乐内容，还包含很多休闲活动。

（二）档案界论坛的档案信息服务功能

1. 传播档案信息和知识功能

档案界论坛是一个完美的平台，它不仅能够传播档案信息，还能传播知识。从传播学的角度来看，互联网是一种强大的新媒体，它的主要功能就是传递信息。网络论坛作为虚拟社区的一部分，其传播信息的能力更加突出，可以跨越时空的限制，且传播速度更快、信息量更大、传播范围更广。档案界论坛不仅是重要的网络论坛，它汇集了众多传播优势，为档案界的信息和知识提供了一个广阔的传播平台，同时也为少数派提供了展示自己观点的机会。论坛十个分区都在进行着档案信息和知识的传播，但首要的还是“资讯门户”，它包括五个板块，即“行业新闻”“国际视野”“豫档信息”“各地动态”和“媒体聚焦”。

2. 交互功能

档案界论坛是一个专业人士交流和互动的平台，它打破时空限制，让来自全国甚至世界各地的网民都能够轻松访问，扩大了交流的范围，提高了会话的参与度，为档案界内外的交流和互动提供了极大的便利。档案界论坛的交互功能已经成为其影响力最大的一个部分，几乎渗透到了论坛的每一个板块。“理论与教学”“实践与指导”“杂志专区”“图情、文秘与收藏”“杂谈与人物”“服务区”都分别反映出档案界的一个重要领域。“理论与教学”是一个聚焦于高校档案学的社区，教师和学生可以在这里分享教学经验、探讨研究方法，并且可以一起分享学习资源，从而建立一个良性的学习环境。“实践与指导”是一个专门的交流区，供一线的档案业务工作人员和指导人员分享他们的工作经验，并就如何处理实际问题提出建议。“杂志专区”是一个方便的社区，可以让编辑与读者互动，这可以与其他期刊互动。“图情、文秘与收藏”是一个专门的社区，可以让图片、文字、收藏爱好者与其他档案行业的人士互动，并且可以帮助他们拓宽眼界，丰富知识面。档案界论坛拥有宽广的视野，并且拥有一颗包容的心。“杂谈与人物”由“档案杂谈”“档案人”“访谈与讲座”三个版块组成，其中“访谈与讲座”版块由“名家访谈”“业务讲座”“会员互动”等组成，“名家访谈”指由一位采访者在线访问一位档案界的专家、学者，而“业务讲座”则是一种在线文字讲解，“会员互动”指会员可以通过文字提出问题，专家也会以文字的方式给出解答。“访谈与讲座”为档案人士和名师、专家提供了一个直接的交流平台，故受到了广大用户的热烈欢迎。“服务区”包含“新手问吧”和“建议与投诉”两个板块，旨在帮助新手更好地使用论坛，解决用户的各种投诉和建议，为用户和论坛管理者提供实时交流和互动的环境，有助于论坛的持续改进和长远发展。

3．资源共享功能

档案界论坛是一个极具吸引力的资源共享平台，它让网民可以在任何有网络的地方，分享自己收集的各种资源，从而实现资源的有效共享。论坛用户不仅可以在不同的地方获取各种资源，而且可以互相交流，共同分享信息，从而提升档案界的整体水平。

4．文化休闲功能

档案界论坛所包含的内容已经远远超出“档案界”，档案界论坛已成为一个专注于档案领域的文化娱乐平台，旨在激发用户的学习兴趣，培养他们的好奇心，让他们在学习的同时能够感到快乐。通过这个平台，用户可以在一个充满档案文化气息的环境中，不断提升自己的专业技能，并从中获益。随着科技的发展，人们可以在网络环境中轻松地进行档案文化休闲，如访问档案馆、参加各种网络论坛、寻找有价值的资讯、探索新的知识等。这种休闲活动既能让人们感受到身心的放松，又能满足人们的求知欲。

在论坛上，“休闲娱乐”和“档案史料大观”两个分区聚焦于提供文化娱乐服务。“休闲娱乐”从“文苑英华”版本演变而来，这一改动显然表明了论坛对提升休闲氛围的重视。“休闲娱乐”区拥有“原创之窗”和“美文转贴”两个版块，为用户提供了一个展示个性、分享精彩文章的平台。“档案史料大观”区拥有“馆藏珍品”和“影像志”两大版块，它们构成了一个完整的、便捷的档案在线展示平台。“档案馆室视频”“档案业务视频”“课堂在线视频”和“档案史料大观”都是用户可以通过该平台获取的宝贵资源。“档案馆室视频”“档案业务视频”“课堂在线视频”收录了大量的精美图片和视频，经过版主的精心编排，呈现出一个个精彩绝伦的专辑。“档案史料大观”将档案以生动的方式呈现出来，让用户可以一睹档案的风貌。

档案界论坛是一个专业的、实时互动的、用户广泛参与的网络社区，它不仅提供了信息和知识的传播功能，还提供了群体互动、资源共享和文化休闲等功能，是档案界一个既具有知识性又具有文化休闲性的重要网络论坛。

三、移动应用与档案信息服务实例分析

广义的移动应用（Mobile Application，MA）指的是个人和企业级应用，狭义的MA指的是企业级商务应用。与传统的计算机和无线应用协议（WAP）渠道相比，移动应用具有显著的优势。移动应用具有无限的可能性，可以轻松地实现交互，可以灵活调整产品服务，且开发成本低廉、开发周期短，这些优势使得它成为当今网络上的热门选择。目前，移动应用具有十分广阔的发展前景，而且正在迅速发展。移动应用不仅仅是在手机上的运行软件，它还涉及企业信息化的各个方面，扩展了企业资源计划（ERP）的应用范围，使其成为企业信息化的重要组成部分，它通过跨产业的合作，为企业提供更加低成本、更具效率的整体解决方案。

（一）国内移动应用在档案信息服务中的应用实例分析

目前，国内档案机构开发及提供的移动应用虽然数量还不多，但是已经有了一些实例。

广州市国家档案馆移动应用程序是广州市国家档案馆开发提供的。该移动应用程序主要向社会介绍广州市档案馆的基本情况，并为该馆的档案展览提供语音导览。该移动应用程序主要包括四个部分。一是对广州市国家档案馆场馆概况进行介绍。二是对广州市国家档案馆在馆内开办的档案展览提供语音导览。三是为来馆参观者提供场馆地图，让参观者在参观过程中了解馆内空间全貌。四是为来馆参观者提供场馆攻略，包括参观须知、团体参观预约服务、交通指引、该馆工作时间和联系方式。

广州市国家档案馆是近些年档案馆新馆建设的典型代表，体现了我国档案馆走出政府机构的深墙大院独立建馆，为社会大众提供信息公开、公共服务和文化服务并满足社会公众文化学习和休闲观光等多种需求的发展趋势。广州市国家档案馆移动应用程序就充分顺应了这种发展趋势，将该馆作为一个旅游景点和文化景点介绍给社会公众。该移动应用程序在应用商店中被归为旅游类。

（二）国外移动应用在档案信息服务中的应用实例分析

我们以美国NARA开发的移动应用程序为例来看国外移动应用在档案信息服务中的应用。

NARA顺应移动应用的潮流开发了查询和阅读档案信息的，适用于iPhone（苹果手机）、iPad（苹果平板电脑）等的移动应用程序，并在苹果应用商店上提供免费下载。

1. 今日文献

今日文献（*Today's Document*）更确切地用中文表述可以译为“历史上的今天”，它是美国国家档案馆的网络信息品牌产品，基于美国国家档案馆的丰富资源，以互动画廊的形式，每天发布的一系列精彩的美国历史故事、文档和照片，这些内容既有教育意义，又易于使用。今日文献不仅记录了重大历史事件，还反映了百姓生活的真实写照。它已经被改编成RSS Feeds，并在Facebook、博客、Tumblr（汤博乐）、Twitter等社交媒体平台上发布，同时也在安卓应用市场和苹果应用商店等移动应用上推出。

今日文献突破了档案馆传统的查档、咨询业务，创造性地开发了馆藏档案信息资源，以按日期时序进行档案展览的方式向社会普及历史知识，起到了良好的社会教育作用。

2. 教师文献

教师文献（*Docs Teach*）为用户提供了一个全新的视角深入了解过去的历史、事件和思想。用户可以选择一个历史主题，参与教师文献中设计的任务，或者到“教室”中寻找专门为自己设计的任务，并使用该移动应用提供的代码，以便更好地完成这些任务。

第六章　大数据环境下的档案信息化保障体系建设

档案信息化是一项开拓创新的事业，也是一个充满风险的领域。这项事业的健康发展和逐步奏效，需要一系列相互作用、协调配套的支持条件，即档案信息化的保障体系。档案信息化保障体系主要包括宏观管理保障体系、标准规范保障体系、信息安全保障体系、人才队伍保障体系和信息技术保障体系。本章为大数据环境下的档案信息化保障体系建设，分别讲述了宏观管理保障体系、标准规范保障体系、信息安全保障体系、人才队伍保障体系、信息技术保障体系几个方面的内容。

第一节　宏观管理保障体系

档案信息化是档案事业发展的战略举措，也是档案现代化的立体战役。为了确保这项工作循序渐进、卓有成效，需要自上而下地进行总体规划和组织实施。

一、档案信息化规划

档案信息化规划是档案行政管理部门针对档案信息化事业发展制定的全局性、长远性谋划，是对发展目标、任务、措施的宏观思考、精准描述和权威部署，是反映发展规律，调控发展大局，破解发展难题的顶层设计，具有定位目标、激发士气、凝聚人心、统一步伐的作用。

（一）规划制定的原则

1. 统揽全局的原则

规划首先要明确档案信息化的基本目标、工作任务、措施步骤、保障体系、评价指标等。为此，档案信息化规划要有前瞻性、系统性、严肃性、权威性和操作性。在基本目标的确定上既要起点高，又不能不切实际地盲目拔高；在工作任务的确定上既要全面覆盖，又要重点突出；在措施步骤的确定上既要宏观布局，又要微观落地；在保障体系的确定上既要营造动力机制，又要设定约束机制；在评价指标的确定上既要定性，又要尽可能定量。为了更好地推动本单位档案事业的发展，我们应该努力将其与当地的信息化发展规划相结合，并获得组织、资金和人力方面的支持。为此，我们应该建立一个综合性的规划执行机制，以确保规划的有效实施，并及时反馈意见，不断完善。采取有效的责任分配、评估机制，以及明确的目标管理，以达成期望的信息化目标。

2．分步实施的原则

档案信息化涉及面广，工作量大，制约因素多，因此不可能毕其功于一役。在制定规划时，要充分考虑国家、地区信息化战略的实施进度，档案信息化的近期需求，档案基础工作条件，管理制度和业务规范的配套情况，以及经费、人力的投入能力等。要在全局性、长远性目标的指导下，根据需要和可能，将总目标分解为若干阶段性目标，以便分步实施。阶段性目标要处理好前后衔接关系，每一阶段的目标任务既要继承前阶段的成果，又要为后阶段创造条件，特别要将档案信息资源建设列入阶段性目标的主要任务，并提出量化的指标要求，如电子文件归档和传统存量档案数字化应当达到多少百分比等。

3．需求驱动的原则

长期以来，信息技术领域有一句行话为“以需求为导向”，它是信息技术应用的一条重要规律。现代信息技术几乎无所不能，然而，只有与特定的需求相结合，才能实现信息化的价值。需求决定计算机应用的发展方向、检验标准和实际效能，是建设信息系统的出发点、归属点和动力源泉。不重视需求或找不准需求，必然使档案信息化建设偏离正确的轨道，甚至付出沉重的代价。

4．突出重点的原则

所谓突出重点，就是规划要满足重点需求。需求是一个相当具有“弹性”的概念，在分类上有一般需求和主要需求、潜在需求和现实需求、表面需求和本质需求、当前需求和长远需求等。突出重点就是要在调查研究的基础上，分析出和把握住主要需求、现实需求、本质需求、当前需求。为此，在制定规划时，要从本单位、本行业的实际出发，以问题为导向，以必要性和可行性统一为基础，找准需求，确定总目标和阶段性目标，一步一个脚印地有序推进档案信息化工作。

（二）规划制定的步骤

1．组织机构

档案信息化规划的制定事关大局、事关长远，应当建立由单位主要领导主持，信息化管理人员、相关业务技术人员和档案管理人员参加的规划起草小组，并由规划起草小组具体负责规划制定的全过程工作。为了开阔眼界，借用外脑，还可以聘请外单位有关档案信息化的专家，对规划起草人员进行培训，对起草工作给予咨询、审核、把关，或直接负责规划的撰写工作。

2．调查研究

调查研究主要包括四个方面。一是对国际、国内、本地区、本行业档案信息化发展战略和规划的调研，了解其对档案信息化目标、任务、措施的定位，以便为本单位规划的制定提供参考。二是对同行业或相近行业档案信息化的先行单位进行调研，以便学习和借鉴其成熟经验。三是对社会信息化发展状况进行调研，了解其软硬件技术发展水平，以及哪些技术适用于本单位。四是对本单位档案工作和档案信息化需求进行调研，发现和分析存在的问题，研究利用信息化手段破解问题的对策。

3．撰写规划

对调研结果进行归纳总结，撰写调研报告，根据调研报告撰写规划大纲，并征求有关领导、专家或业务技术骨干的意见。根据拟定的规划大纲，撰写规划初稿。初稿完成后组织专家进行科学性和可行性论证，并广泛征求机关各业务部门和相关单位的意见，修改完善后交本单位领导审核、签发，然后正式颁发。

4．颁发规划

在颁发规划时要一并提出规划执行的指标要求、进度要求和责任要求，并按照“言必信，行必果”的要求跟踪规划的执行情况。

（三）规划的主要内容

1．回顾总结

回顾总结本单位档案信息化的进程、现状，取得的基本经验或主要体会，以及存在的主要问题。尚未建立档案管理信息系统的单位可以总结本单位档案工作的现状，以及为档案信息化创造的基础工作条件，如档案制度化、标准化建设，档案资源建设，档案人才队伍培养等。

2. 目标定位

目标是对档案信息化建设预期前景和效果的描述。目标可以分为总体目标和具体目标两部分。目标定位要有以下“五个度”：高度，即体现高起点、高标准、高水平；宽度，即做到档案业务工作的全覆盖；深度，即要致力解决发展中遇到的热点难点问题；亮度，即要有创新点和闪光点；温度，即要满怀热情地贴近时代、社会、生活、百姓。总目标的实施周期应尽量与本单位发展规划的周期相吻合，一般为5年。

3. 任务部署

任务是对目标的细化。目标一般比较概括和宏观，任务则要尽量具体和微观。任务一般按档案信息化的要素细分，包括基础设施建设、信息资源建设、应用系统建设和保障体系建设等。任务部署要尽量做到定时、定量，如纸质档案数字化工作每年要达到多少页、占馆（室）藏总量的百分比是多少等。

4. 措施落实

措施是指实施档案信息化的必要条件，一般包括人员观念的改变、档案基础工作的跟进、技术平台的建设、信息安全的落实、资金的持续投入以及人才队伍的培养等。其中档案基础工作部分要特别强调“兵马未到，粮草先行”，即提前、重点做好电子文件归档、纸质档案数字化工作。

二、档案信息化实施

制定科学的规划是档案信息化的起点和前提，它使信息化建设者在目标、任务、措施等方面达成了共识、统一了步骤。接着，就需要通过强有力的组织，即通过指挥、协调、监督、指导、服务等管理方式和行政手段，确保规划的贯彻落实。执行力不足会使一个好的规划流于形式，创新规划的执行体系和执行手段，是提高规划的权威性和约束力的关键举措。

（一）思想观念更新

档案信息化是新时代档案工作顺应潮流，抓住机遇，加快发展的重大战略。规划是战略实施的顶层设计，是长远性、全局性的谋划，是避免战略实施随意性和盲目性的有效举措。只有充分认识规划实施的重要意义，才能增强实施规划的责任心和自觉性。

同时，要认识到实施规划要有新思路、新对策。要改变过去重规划，轻实施；重技术，轻管理；重平台建设，轻资源建设；重档案科研，轻成果应用等片面和落后的观念。以崇尚科技、重视改革、锐意进取、尊重人才、创新务实、真抓实干的新思路、新对策，来破解规划实施中的难题，化解来自各方面的阻力，推进规划的顺利实施。

（二）组织体系创新

档案信息化应当是“一把手工程”，必须由机构的主要领导分管档案信息化工作，并建立集规划、执行于一体的档案信息化主管部门，才能及时高效地协调处理档案信息化建设中遇到的复杂关系，避免因多头管理而造成权责不明、相互推诿的现象。

档案信息系统的建设和运行涉及与外界系统的互联。前端与办公自动化互联，确保对归档电子文件的前端控制。后端与本单位各种业务系统互联，确保为社会或本单位行政业务系统提供档案信息服务。单靠档案部门难以处理与档案外部系统的关系，必须由本单位主要领导牵头，才能做好跨部门的组织协调工作。为了更好地推进档案信息化建设，各单位的领导应该全力以赴，将档案信息化规划纳入本单位的信息化发展规划和年度计划，并确保机构、岗位设置、人员、资金投入等方面都能够得到充分的支持，以确保规划的顺利实施。

（三）管控措施到位

档案行政管理部门要对规划的实施采取有力的管控措施。

1. 保持规划的权威性和严肃性

对已经列入规划的每项任务都要言必信，行必果，对规划后未执行的任务要追究原因和责任；按照规划制定有关项目的实施方案，规定具体的实施内容、进度、要求，一抓到底，直至见效；将规划实施的组织、协调、监督、指导纳入档案工作的法规、制度、标准、规范系统，纳入行政部门工作的职责和考核办法，通过档案法治和行政的手段，防止发生档案信息化不作为或乱作为现象。

2. 夯实档案信息化的各项基础工作

档案信息化建设的重点是档案信息资源建设。为此，要围绕档案信息资源管理的目标和任务，扎扎实实地做好传统档案和电子档案的积累、归档，以及归档后的档案鉴定、分类、组卷、著录、编目、数据录入、扫描、保管、划控等基础工作，利用数据库技术，建立起大规模、高质量的档案信息资源总库，为档案信息系统运行提供优质的信息资源。

3. 确保规划实施的各项投入

切实按照规划要求落实软硬件网络平台、应用系统、数据资源、人才队伍、保障体系等各项建设任务。对建设项目的完成情况和实际效果进行科学的后评估，并将后评估的绩效列入档案信息化建设单位业绩考核的指标。为了确保资金投入的有效性，应该避免过度依赖硬件设施，转而重视软件开发；应当重视技术性投入，而不是管理性投入；应当重视一次性投入，而不是持续性投入，以确保资金投入在不同阶段、不同要素和不同层次上的合理比例。

（四）科研教育跟进

鉴于档案信息化具有知识密集和技术密集的特点，档案科研和档案教育已成为档案信息化建设的两个重要支柱。为了充分发挥科研工作对档案信息化的推动作用，我们应该加强对档案信息化项目的全程管理，从选题指导、立项审查、实施跟踪到结题评审，确保项目的可行性，并在立项阶段就予以确定。科研项目的结题评审必须严格遵守相关规定，特别是重点科研项目，应当加强档案局（馆）、高校档案学专业和信息技术开发公司之间的合作，充分利用档案专业和计算机技术的优势，以提升科研成果的质量。要加大档案信息化科研成果的推广力度，充分发挥理论成果对实践的指导和引领作用。要采取有效的行政手段和考核措施，大力推广集成化、通用化的数字档案室和数字档案馆应用系统，彻底改变过去各自为政、重复建设、自成体系、难以互联的粗放型发展模式。

第二节　标准规范保障体系

数字档案的载体、信息和生存环境的不稳定，使其真实性、完整性、有效性和安全性面临严峻的挑战，管理问题相当复杂。因此，建立一套完善的标准体系，以确保档案信息的制作、加工、采集、保存、保护、鉴定、整理、传递等环节的有序运行，有效地规范管理者的行为，具有重大的社会意义和经济价值。

标准化是一种旨在确保社会秩序的有效管理方式，它通过协商达成一致，由公认机构批准，并以共同的、可重复的方式来实施，以解决实际或潜在的问题。标准化活动包括制定、发布和执行标准，以确保社会的稳定和可持续发展。

21 世纪以来，我国有一批档案信息化的国家标准、行业标准和地方标准相继出台，但是从总体讲，配套性和系统性还不够完善，与信息化发展的要求相比显得较为滞后。进一步完善档案信息化标准规范保障体系，是当前档案信息化建设面临的迫切任务。

一、标准规范建设的原则

制定我国档案信息化标准要符合中国国情，符合国家信息化工作的基本方针，同时兼顾与相关国际标准和发达国家档案信息化标准的衔接，并且遵循以下原则。

（一）适度超前原则

档案信息化标准是为了统一规范档案信息化建设过程中出现的重复性事物和概念。它们的对象随着时代的发展和技术的进步而不断变化，因此，在制定档案信息化标准时，应该充分考虑信息时代和网络环境的变化，以及社会和技术发展的趋势，并且要有前瞻性和预见性，以便更好地满足社会和技术发展的需求，同时要把握好标准制定的时机，以确保档案信息化建设的顺利进行。坚持把握机遇，勇于超越常规。如果标准的制定时机过早，那么可能会导致标准脱离实际情况，甚至对档案信息化工作产生误导；相反，如果标准的制定时间过晚，那么就会导致产生大量与现有事实不一致的情况，从而需要花费大量的人力和物力来重新统一。为了更好地建立档案信息化标准，我们需要在已有经验的基础上，根据当前的实际情况和未来的发展趋势来制定相应的标准。

（二）开放原则

当今，社会变得越来越开放，不同行业之间的交流与融合也日益增多。因此，在制定和实施档案信息化标准时，必须始终坚持开放原则，以促进社会的发展和繁荣。

1. 要采纳各种开放标准

开放标准旨在保护知识产权，以及以一种公平、透明的方式来表达和传播信息，包括可靠的公开登记、持续的维护机制、可靠的开放转换和扩展机制，以及可供公众获取的详尽技术文件等。在建立档案信息化标准的过程中，我们应该优先考虑使用开放标准，这样不仅能够避免重复劳动，还能确保达到较高的标准化水平。

2. 要采纳各种国际标准

国际标准是一种全球性的标准，由世界各国的专家共同制定，它汇集了科技进步和管理的经验，反映出当今科学技术和生产管理的最新水平。档案信息化建设不是中国的特色，全球范围内的同行都在努力推进这一项目的发展，其中不乏一些起步较早、水平较高的成功案例。为了更好地推动档案信息化的发展，我们应该积极学习国际上先进的标准，如国际标准化组织（ISO）15489—1:2016《信息与文献——文件管理　第1部分：概念与原则》和ISO 14721：2012《空间数据和信息转移系统——开放档案信息系统（OAIS）参考模型》，并结合本国的实际情况，对其不断完善和优化，以确保标准质量的不断提升，从而加快我国档案信息化的发展，走向国际水平。

3. 要参照相关专业的信息化标准

档案信息化标准体系建设是一项复杂的工作，需要借鉴图书馆、情报部门和博物馆等相关专业的成功经验，以便更好地实现信息化标准体系的建设。因此，在进行档案信息化标准体系建设时，应当充分利用相关专业的成功经验，特别是图书馆的经验。

4. 要考虑与相关标准的兼容性

在制定本单位、本行业标准规范时，要注意处理好和国际、国内信息界相关标准的兼容关系，还要注意和其他相关领域，如电子政务、数字图书馆建设之间的兼容关系，特别要处理好与国际、国家、行业、区域有关标准规范之间的兼容关系，以便在建设档案信息系统后能与其他相关系统顺利衔接，资源共享。

（三）动态管理原则

档案标准化过程并非一蹴而就，需要在实践中不断补充、提高、扩展。动态管理原则是指要根据档案信息化建设的实践发展，对标准不断进行修订、充实和完善。建设档案信息化是一个漫长而复杂的过程，在这个过程中标准的对象会随着时间的推移而发生变化。为了确保标准的准确性，制定者必须考虑到未来可能出现的变化，但是由于时间、环境和对象的不断变化，预测和实施往往会存在偏差。因此，标准制定完毕后，要根据实施情况及规范对象的变化及时进行修订。由于信息技术发展迅猛，因此，对于档案信息化方面的标准，实施后3～5年就要进行审视。对于不适应实际的标准，要及时废止；对于部分不适应实际的标准，要及时部分更新。标准的制定或修订既要针对档案信息化出现的新情况和新问题，又要尽量继承以前标准的条款，保持标准的稳定性，避免大起大落，以免使实践工作无所适从，陷于被动。

二、标准规范建设的主要内容

档案信息化标准规范可以从管理、业务、技术和评价等层面来制定和推行。

（一）管理性标准规范

管理性标准规范旨在为电子档案信息资源的建设、维护和管理提供指导，其中包括计算机安全法规，数字档案信息资源的合法性认证，档案管理流程的规范化，档案管理的可持续发展，档案管理的有效性、及时性、可靠性、可操作性等，以确保电子档案信息资源的统一性、可持续性和可扩展性。

档案信息化管理性标准规范涵盖了两个方面。一是对个体的管理性标准，即为了确保档案信息化的有效运行，必须对相关人员，包括但不限于档案工作者、软件开发者、用户、角色认证、权限审核、组织机构、社会团体、企业和其他组织机构进行管理的标准，相关人员必须严格遵守各项规定，确保档案信息化的有效运行。明确档案工作人员的职责和任务，以及用户的权利和义务，以保证档案信息化建设各项工作的正常开展。二是对物的管理性标准，主要是指对数字档案信息资源实体的全过程规范化管理，以及对信息化设备，如机房和硬件、软件存储载体的规范化管理，主要规范这些资源可以给谁用、如何使用和如何保管的问题。

（二）业务性标准规范

业务性标准规范是对档案信息化及电子档案业务处理进行的规定，以解决业务操作行为不统一的问题。其范围包含与档案信息化相关的术语标准；档案信息采集标准，包括数字信息资源建设所涉及的数字化加工、元数据、资源创建、描述等；信息管理标准，包括数字信息资源组织、资源互操作；信息利用标准，包括数字信息资源检索、服务；信息存储标准，包括数字信息资源长期保存等；电子档案的术语标准及管理规范，包括电子档案的基本术语、资源的标识、描述电子档案的文件格式、元数据格式、对象数据格式等，如《电子档案管理基本术语》。

在国家现已颁布的标准中，《CAD 电子文件光盘存储、归档与档案管理要求》和《电子文件归档与电子档案管理规范》是电子文件收集、归档、整理、保管与利用的统一规范；《电子公文归档管理暂行办法》（国家档案局令第 14 号）、《电子档案移交与接收办法》和《公务电子邮件归档与管理规则》是对电子公文、电子档案、公务电子邮件归档、管理及安全有效利用的规范。

标准的制定，除了参照国家关于纸质档案的有关规定，还要参考国际档案理事会和其他国家或机构制定的相关标准，如国际档案理事会电子文件委员会制定的《电子文件管理指南》、美国国家档案与文件署发布的《电子文件管理通用要求》等。

（三）技术性标准规范

通过制定和实施一套完善的技术性标准，可以确保档案信息化和电子档案管理的高效运行，并且能够有效地防止由于技术应用不当而引发的质量问题。这些标准涵盖了硬件基础设施的建立、软件系统的运行、数据的存储和压缩、数据的长期保存、数据加密算法、网络数据的传输以及数字水印的使用等方面。

国家现已颁布的技术性标准规范有《纸质档案数字化技术规范》《电子文件归档光盘技术要求和应用规范》《文书类电子文件元数据方案》《版式电子文件长期保存格式需求》《基于 XML 的电子文件封装规范》等。

（四）评价性标准规范

通过建立评价性标准规范，可以有效地衡量档案信息化及电子档案管理的成果和效用，这些标准涵盖了档案信息系统的研究与开发（R&D）、档案信息资源的开发与利用、信息安全、IT 的普及与深入、信息化人才的培养、信息化的组织与控制，以及信息化的效益等方面。信息资源的开发与利用应当被视为衡量指标体系的重要组成部分，具体表现在馆（室）藏档案的数量、多媒体编研成果的种类及数量、数字信息的获取与利用方式及数字档案的使用频率等。

三、标准规范的贯彻落实

标准一旦颁布生效就应当具有严肃性和权威性。为了更好地落实档案信息化标准规范，要做好以下几项工作。一是对档案信息化标准规范的宣传教育。通过举办专题培训班，或将有关标准内容纳入档案专业培训课程，宣传贯彻实施有关标准规范的要求、目的、内容、意义。二是采取行政手段，加大对档案信息化标准规范的宣传力度，做好常态化督促、检查和指导工作。三是将档案信息化标准规范的执行情况纳入信息化项目的评审、鉴定、验收程序和要求，贯标通不过，责令整改，整改通不过，项目不予通过验收。有了规范要做规矩。所谓“做规矩”，就是要对不贯标的档案信息化建设项目敢于否定，对貌似可行但违反规范的项目及时制止。从建设项目立项评估、可行性研究等前端开始，就给予强有力的标准指导和贯标监管。四是档案信息化标准规范建设要与时俱进。档案行政管理部门要收集贯标工作的信息反馈，及时发现标准规范脱离实际的情况，以便在调研分析的基础上对有关标准规范进行修订。五是档案信息化标准规范的修订要倾听行内有关领导、专家、业务骨干、计算机专业人员的意见，充分参考图书、情报、电子商务、电子政务等相关标准，以便使标准规范做到向上、向下和横向兼容，确保其开放性、先进性和适用性。

第三节　信息安全保障体系

档案是国家的宝贵财富，是不可再生的重要信息资源，又具有一定的保密性，因此建立档案信息安全保障体系显得尤为重要。档案信息安全保障能力的提升，不仅可以有效地保护档案资源，还可以提高档案事业的软实力，从而更好地满足社会发展的需求。

因此，建立一套完善的档案信息安全保障体系，以确保档案信息的真实性、完整性、保密性、可用性和可控性，是档案事业发展的重要保障。为了确保档案信息的安全，必须综合考虑硬件、软件、数据、人员、物理环境和人文环境等多方面因素，以便有效地防范和应对复杂、开放和多样化的情况出现。

档案信息安全防护必须采取综合性的措施，以确保其安全性。档案信息安全保障体系由安全法律法规体系、安全管理体系和安全技术体系组成，以确保档案信息的安全性和完整性。

一、安全法律法规体系

保障信息安全首先需要建立档案信息安全法律法规体系，做到有法可依。法律法规分布于档案专业的内部和外部。内部有涉及安全问题的档案法律法规，外部有涵盖档案管理的信息安全法律法规。

（一）涉及安全问题的档案法律法规

《档案法》是我国档案法律法规的基础，近年来，我国档案界在《档案法》及其实施办法的基础上，积极推进档案信息安全的建设，出台了《全国档案信息化建设实施纲要》和《电子文件归档与电子档案管理规范》，以确保档案信息安全，保障档案的安全性和完整性。很多地方和单位也颁发了档案信息安全保管方面的规章制度，如上海市档案局颁发的《上海市档案条例》《上海市档案信息化建设实施意见》中均有关于确保档案安全的条款；江苏省档案局颁发的《江苏省档案信息化建设保密管理办法》、黑龙江省档案局颁发的《黑龙江省档案信息化建设保密管理办法》等也都专门针对档案信息化安全体系建设。

（二）涵盖档案管理的信息安全法律法规

随着科技的进步，我国档案信息化建设正在迅速发展，但涉及档案信息安全的各类法律法规相对较少。因此，有必要加强对档案信息安全的法律法规的宣传，以便更好地保护公民的权益，并为制定和完善更加严格的档案信息化法律法规提供参考。

20世纪90年代初，为了保障公众的网络安全，我国积极推进信息安全的立法和实施。1997年3月修订的《中华人民共和国刑法》第二百八十五条规定："违反国家规定，侵入国家事务、国防建设、尖端科学技术领域的计算机信息系统的，处三年以下有期徒刑或者拘役。"这为公众网络安全提供了强有力的保障。在《中华人民共和国刑法修正案（七）》中，对惩治网络黑客的违法犯罪行为也增加了相关条款，"违反国家规定，侵入前款规定以外的计算机信息系统或者采用其他技术手段，获取该计算机信息系统中存储、处理或者传输的数据，或者对该计算机信息系统实施非法控制，情节严重的，处三年以下有期徒刑或者拘役，并处或者单处罚金；情节特别严重的，处三年以上七年以下有期徒刑，并处罚金"。《中华人民共和国国家安全法》第二十五条规定："国家建设网络与信息安全保障体系，提升网络与信息安全保护能力，加强网络和信息技术的创新研究和开发应用，实现网络和信息核心技术、关键基础设施和重要领域信息系统及数据的安全可控；加强网络管理，防范、制止和依法惩治网络攻击、网络入侵、网络窃密、散布违法有害信息等网络违法犯罪行为，维护国家网络空间主权、安全和发展利益。"《中华人民共和国网络安全法》第五条规定："国家采取措施，监测、防御、处置来源于中华人民共和国境内外的网络安全风险和威胁，保护关键信息基础设施免受攻击、侵入、干扰和破坏，依法惩治网络违法犯罪活动，维护网络空间安全和秩序。"

政府为了确保信息安全，制定了一系列严格的法规制度，包括机房建设的安全保护规范、通信设备的进网认证、国际接口专线的管理、国际联网经营许可证的颁发、接入登记的实施、联网备案的实施、安全等级的确定、安全产品销售许可证的颁发、保护信息安全的相关规章、网络使用的限制及安全责任的落实、计算机病毒的防治措施、安全报告的实施以及对违反信息安全法律的处罚。

基于上述安全法规，档案界积极采取行动，严格执行相关法律法规，加强对档案信息安全的监督检查，及时发现和纠正存在的安全隐患和违法行为。同时，为了更好地保护档案，档案工作者应当积极探索、实践、改进，不断提升档案信息化安全管理水平，并且定期对其效果进行评估，以确保档案安全。为了确保档案信息的安全，我们应该不断完善和优化档案信息安全法律法规体系，加强管理人员的安全意识和素质，充分利用档案工作者、技术专家和用户的积极性，共同努力，为促进我国档案信息安全的发展做出更大的贡献。

二、安全管理体系

为了确保档案信息的安全，我们必须建立一个完善的管理体系，以便在风险分析的基础上制定有效的策略、方针和目标，并建立相应的管理机构，制定合理的管理机制，分解安全管理职责，执行安全管理制度和管理标准，以确保档案信息的安全。因此，识别和评估风险是档案信息安全管理的基础，而有效控制风险则是实现安全管理的最终目标。

（一）管理档案信息安全系统的模式

随着新风险的不断出现，档案信息安全系统的要求也在不断变化，因此，安全管理必须采取动态、持续改进的方式，以确保档案信息的安全性。为此，可以采用 PDCA 管理模式，即从规划到实施、再到检查，最后到行动，以实现持续的安全改善。采用 PDCA 管理模式可以确保每一次的安全管理活动都按照既定的安全管理策略进行，并且可以定期对活动进行检查，及时发现潜在的风险，从而采取必要的措施，实现安全管理策略的持续改善。

PDCA 持续改进模式具有广泛的应用前景，通过它我们能够将安全要求和风险分析有机地结合起来，充分考虑到信息安全中的非技术因素，从而大大提升信息安全管理水平。

（二）管理档案信息安全系统的具体实施

档案信息安全管理中心是整个系统的核心，它负责监督和确保所有相关的安全措施，并定期与相关部门进行沟通和协调。如果发现需要调整安全目标，应立即向上级领导汇报，以便做出最佳决策。

1. 完善组织机构

档案部门可以建立一个档案信息安全管理中心，负责监督和管理所有的档案信息安全活动。该中心可以评估数字档案信息安全管理体系的运行情况，并且所有的信息都必须与中心进行交流。该中心可以对安全政策、制度和措施的执行情况进行调查，并分析它们对档案信息安全的影响，从而提出改进建议。由经验丰富的领导、资深的信息管理专家、精湛的IT专家以及经验丰富、人员稳定的开发团队组成的数字档案信息安全管理中心，为客户提供全方位的服务。

2. 进行风险评估

在所有的计算机安全事件中，大部分是由人为因素引起的，且管理方面的失误所占比重较大，故绝大部分的安全问题可以通过科学的风险评估来有效地避免。

因此，档案部门应该对当前的档案信息安全系统存在的风险进行全面评估，以便准确识别可能引发的威胁和影响，从而制定出有效的信息安全策略，这是档案信息化建设的关键步骤。通过对风险的评估，不仅可以更好地识别出潜在的危险，还可以为数字档案信息的安全管理提供坚实的基础。

风险评估是一项耗时耗力的工作，需要专业人士的技能和知识支持。在进行风险评估时，应遵循以下原则。

①安全、风险和成本均衡分析原则。综合考虑安全性、风险性和成本效益，以最小的代价实现安全性的最佳结果。

②整体性原则。采用系统工程的方法来设计网络信息安全的整体解决方案，以确保系统的完整性和可用性。

③可用性和易操作性原则。确保信息安全系统的可用性和易操作性，使操作者能够轻松地进行操作。

④适应性和灵活性原则。安全策略应该灵活应对网络性能和安全需求的变化，具有很强的适应性，并且易于更改。

3. 制定安全策略

为了确保数字档案信息资源的安全，应该制定一套完善的安全策略，包括建立有效的法律法规和标准体系，采用先进的信息安全技术和管理措施，有效阻止外部和内部攻击，增强系统的安全防护能力和隐患发现能力，以达到所需的安全级别。具体安全策略可分为内部建设安全策略和网间互联安全策略等，应该按照逐步完善的步骤，加强对数字档案信息安全的管理，以确保数字档案信息资源的安全性。通过不断改进和完善，最终建立一个强大的数字档案信息安全管理系统。

在制定安全策略时，应该紧密结合实际情况，避免过度理论化或过于严格的限制，这样才能避免工作人员对安全策略的忽视。因此，在制定安全策略时应该遵循以下原则：尽量使其与当前情况相符，尽量使其简单易操作，并尽量使其变得更容易接受。随着信息技术的飞速发展，档案信息安全策略必须不断完善，以满足日益增长的安全需求，并有效防范新出现的安全风险。

4. 开展数字档案信息安全管理培训

开展数字档案信息安全管理培训是档案信息安全管理体系的重要环节之一，对各关键岗位的人员来说，档案信息的安全至关重要。然而，在实际工作中，大多数档案信息安全问题都是由人为因素引起的。人类本身就是一个复杂的信息处理系统，容易受到身体和心理因素，以及技能水平、责任感和道德品质等多方面的影响，因此，“一次性”的培训应该被视为档案部门工作人员的重要组成部分，定期对他们进行“应知、应会”的安全策略和技术培训。当安全策略发生变化或面临新的安全风险时，应该加强培训，以确保安全策略的有效性和可行性。

5. 贯彻执行管理决策

档案部门应当认真贯彻执行管理决策，并努力建立一个完善的档案信息安全保障体系。档案部门应当积极组织协调，确保各方面因素的有效配合，使各模块的信息能够无缝集成，同时，业务人员应及时准确地收集各种基础信息，以确保信息系统建设的顺利进行。如果没有专业的信息系统输出和资深咨询顾问的指导，实施信息系统将会面临许多困难，甚至可能失败。

6. 持续完善管理体系

首先，在进行评估之前，需要清楚地划定评估对象的范围并确定评估目标，从整个系统出发，对各个方面的效益和成本进行全面分析，并考虑它们之间的联系。其次，需要确定该评估对象会在哪些阶段进行，如可行性分析、总体设计、开发和运行。再次，选择合适的评估方法，如结果观察法、专家评估法或评分法等，确定适当的评估指标。最后，收集相关数据和资料进行分析和计算，得出评估结果，并将结果写入书面文件。通过对评估结果的持续改进，不断提升档案信息安全管理体系及其实施过程的有效性和效率，以满足企业、用户和其他相关方日益增长的需求。

三、安全技术体系

当前，为了保障档案信息的安全，我们已经开发出了一系列先进的技术，包括加密、信息确认、访问控制、病毒防治、审计和防写技术。

（一）加密技术

加密技术是保护信息安全的基础，也是大多数信息安全措施的核心。它可以有效防止敏感信息或者受到密码限制的信息在传输过程中被泄露，从而确保信息的安全性和完整性。

文件加密技术的发展已经取得了巨大的进步，目前已经公开发表的加密算法数量达到了数百种。电子文件加密的基本原理是先将原本可以通过软件识别的数字序列（也称为明文）通过数学变换（加密）转换成不可读取的“乱码”（也称为密文或密码），在使用时再通过数学变换（解密）将“乱码”转换成可以读取的数字序列。在加密和解密过程中，密钥是控制这些操作的关键因素，它决定了加密算法和解密算法的有效性和安全性。

密钥的安全性受到严格的限制，不仅能够有效地阻止非法用户破解密钥，还能够有效地保护文件的完整性。根据加密和解密过程中使用的密钥的不同，加密技术可以分为对称加密解密法和非对称（又称明钥）加密解密法。

对称加密解密法要求加密密钥和解密密钥完全一致，这样一来，即使只有一个密钥被知晓，也能够轻松地计算出另一个密钥。然而，由于加密文件需要经过一定的安全程序才能被正确地传输，因此这会使加密密钥的安全性受到一定的威胁。而且，如果某涉密文件分发的单位多，那么密钥的安全控制会有很大的难度。这种方法在对涉密文件进行静态管理时比较有效，如自己撰写的保密文件给自己使用，以防止被人偷看。目前，Word、Excel 文件的加密就是采用对称加密解密法。

当涉密文件需要传输，特别是大范围传播时，就需要用非对称加密解密法。非对称加密解密法的加密方和解密方使用的密钥是不相同的，密件经办人需预先准备两把密钥，一把公钥，一把私钥。当发送密文时，发送者使用收文者的公钥，将文件加密后发给收文者，收文者收到密文后，用自己的私钥解密文件。由于只有拥有私钥的收文者才能解密这份文件，因此文件的传递过程是比较安全的。

（二）信息确认技术

过去，通过书面签署或签印的方式，责任者的名字和特征（如指纹）被固定在文件载体上，以此来证明文件的原始性和真实性，使文件具有法律效力。显而易见，这种方法不适用于没有固定载体的电子文件。对于虚拟流动的电子文件，信息确认技术相当于起到了签署纸质文件的作用。

信息确认技术旨在通过先进的技术手段，有效地阻止文件的非法篡改、伪造和假冒，并且可以确保文件的发送和接收、使用者的身份和权限都符合法律规定。完善的信息确认技术应当具备四个关键目标。

第一，合法的文件接收者能够验证其收到的档案文件是否真实。

第二，发文者无法否认自己所发的文件。

第三，合法发文者以外的人无法伪造文件。

第四，当发生争执时，具有仲裁的依据。

为了达成以上目标，必须充分利用多种技术手段，其中最为普遍的是数字摘要技术、数字签名技术及数字水印技术。

1. 数字摘要技术

发送者通过使用特定的摘要函数（也就是前面提到的密钥）算法来处理发送的文件，从而获得一个验证码。该验证码具有一个重要的特点：一旦改变了发送文件的内容，即使只是一个比特，所产生的摘要也会发生不可预料的变化。摘要是文件发送前必不可少的组成部分，它们将伴随文件一起发出，接收者可以使用双方预先设定的摘要算法，对收到的文件进行相应的处理，并比较处理后的摘要与原始摘要的一致性，从而判断文件是否被篡改。如果摘要函数只有收发文件的双方知晓，那么通过报文认证就可以实现上述四个目标。然而，这种方法存在一个缺陷：由于收发文双方使用的摘要函数相同，因此，摘要函数本身的安全性和保密性就成为一个重大挑战，摘要函数一旦被第三者窃取，就无法实现安全的目标。

2. 数字签名技术

《中华人民共和国电子签名法》的颁布推动了数字签名技术的发展，它不仅使签名者能够更加准确地识别自己的身份，还能够更好地表达签名者对信息的认可，使得数字签名在法律和技术上更加完善。数字签名是一种电子形式的文件，它可以通过电子、光学等方式产生、发送、接收或储存。

数字签名是一种非对称加密技术，它的基本原理与数字摘要技术相似。签名者需要通过签名软件对电子文件中的信息进行散列，并生成报文摘要。随后，签名软件会使用签名者的密钥对报文摘要进行加密，并将加密后的报文摘要与签名者从认证机构获得的认证证书一起发送给文件接收者。这种方法可以有效地保护文件的安全性，并确保文件的完整性和可靠性。收到上述信息后，文件接收者首先使用相同的散列函数算法对传来的电子文件进行处理，生成报文摘要，然后使用签名者的公钥对其进行解密，将解密后的报文摘要与接收者处理过的报文摘要进行比较，如果两个报文摘要完全一致，则表明接收者已经成功地完成了数字签名的认证。在接收者获得数字签名的同时，软件也需要进行严格的验证，以确保签名者拥有可靠的认证机构颁发的证书。经过核实的数字签名可以确保文件内容完整无缺，并且信息来源可靠。

签名者所用的数字签名制作工具（公钥、私钥、散列函数、软件等）不是由签名者自行制作的，而是由合法成立的第三方电子认证服务机构在充分验证发文者真实身份后提供的。电子认证服务机构颁发的数字签名制作数据及认证证书相当于电子身份证，帮助收文者和发文者识别对方身份并表明自己的身份，具有真实性和防抵赖功能。与物理身份证不同的是，认证证书还具有安全、保密、防篡改的特性，可对电子文件信息的传输提供有效的安全保护。

3. 数字水印技术

数字水印类似于传统印刷品上的水印，用以鉴别电子文档的真伪。数字水印技术可以在电子文件（如文本、图像、音频、视频）上留下一个永久性的标识，即使文件经过任何形式的转换和处理，这个标识也不会改变。通常情况下，水印是隐藏起来的，除非使用特殊的技术来检测。一旦水印遭到损坏，文件数据也会受到破坏。

信息确认技术的实质是，文件发送者将签署信息（加密运算方法）以不可分离的方式与文件内容（而不是纸质文件的载体）“编织”为一体，使他人无法在不改变签署信息的前提下改变文件内容（就像不改变载体而改变纸质文件上的内容一样），而收文者则通过验证其信息内容中的签署信息来证实文件内容的原始性和发文者的原真性。

（三）访问控制技术

访问控制是信息系统安全防范和保护的主要策略，其任务是杜绝对系统内电子文件信息的非法利用和蓄意破坏。访问控制技术种类繁多，且相互交叉，目前主要有以下两类。

1. 防火墙

防火墙是一种有效的安全防护措施，它可以有效地阻止未知的、潜在的、破坏性的攻击，监测和限制外部网络的数据流，阻止系统内部的信息、结构和运行状态的外泄，从而保护内部网络的安全。防火墙是一种网络安全技术，它可以有效地阻止外部攻击，保护内部网络免受黑客的侵害，并防止敏感信息的泄露。它分为外部防火墙和内部防火墙，前者可以将内部网络分割成多个独立的网络，以防止越权访问。防火墙可以是一个独立的网络设备，也可以是由多个网络设备和相关软件组成的复合系统。

电子文件系统在选择、使用防火墙时，应对防火墙所采用的技术、种类、安全性能及不足之处有充分认识。

①认真权衡防火墙的安全性能和通信效率，在文件安全和方便利用之中将安全放在第一位。

②在处理中小型文件时，如果系统之间的信息流动并不太频繁，且其重要性也相当普通，那么可以使用数据包过滤和代理服务器来保护文件的隐私。但是，当需要处理大规模的文件或者需要更严格的信息安全保护时，就需要使用复杂的防火墙技术。在系统安全和投资费用之间应进行权衡，不可不计代价地追求超出可能风险的安全性。

③在对防火墙进行管理时，除了解防火墙的益处之外，还应了解防火墙自身的局限与不足。

④在使用防火墙对外隔离时，不能忽视防火墙内部的管理，因为许多攻击来自内部。在必要时可设置第二道防火墙，使内部网络服务器也对内隔离（但这样会大大降低系统的效率）。

⑤为更好地保护文件管理系统，尽量考虑采用国内自主开发的防火墙产品。

⑥防火墙属于信息安全产品，国家规定实行强制认证，在文件管理系统中使用的防火墙必须是经国家认证的产品。

2．身份验证

为了确保用户在使用文件管理系统时能够安全地访问和操作资源，系统会在用户登录或执行某项操作之前对其身份进行严格的验证，以确保用户能够正确地访问和操作该系统。在验证过程中，用户需要提供有效的身份证明，以便系统能够有效地识别和控制用户的行为。身份验证技术发展迅速，其验证对象包括用户的个人信息（如口令）、实体（如智能卡）以及其所具有的特征（如指纹、视网膜血管图、语音等）。口令是最普通的手段，但可靠性不高，智能化的口令是系统向被验证者发问的一系列随机性问题，以其回答来验证身份。以指纹、视网膜血管图、声波纹进行识别的可靠性较高，但需要使用指纹机等特征采集设备，代价较大。随着技术的发展，智能卡已经成为身份验证的首选方案。智能卡是一种密钥媒介，它的特性类似于银行卡，由授权用户拥有并且可以通过口令或密码来进行访问，该密码与内部网络服务器上注册的密码一致。为提高身份验证的可靠性，可将上述三种手段结合起来使用。

（四）病毒防治技术

即使采用加密、信息确认和访问控制技术，文件系统仍然可能遭到病毒的攻击。防治病毒包括两个方面：一是采取有效的预防措施，即在系统或载体未受到感染前就采取行动，以阻止病毒的传播；二是进行有效的杀毒，即一旦发现系统或载体受到感染，就要立即进行清除。防毒是关键，而杀毒则是补救措施，目前常用基于特征扫描的杀毒软件。

文件网络环境下的防毒、杀毒需要注意以下几点。

第一，为了有效地防止病毒侵害，电子文件管理系统必须采取客户机服务器双重防护措施。由于客户机和服务器都可能受到病毒攻击，因此必须采取有效的防护措施，以确保系统的安全性，特别是对于局域网入口的工作站，由于其被病毒攻击的可能性更大，而且数量众多，管理分散，因此必须重点加强防护措施，以确保系统的安全性。为了提高工作效率，建议将所有工作站设置为无盘，并在每个工作站上安装防病毒软件或芯片。服务器是整个网络的“中枢神经”，是网络信息资源的集中地，是防毒工作的重点。防止服务器被病毒感染的主要措施是尽量少设超级用户；将系统程序设置为只读属性，对其所在的目录不授予修改权和管理权等。

第二，由于病毒不断变异，杀毒软件也不断升级，因此网络管理员与档案管理人员应注意及时更新杀毒软件的版本类型，选用最先进、可靠的防杀网络病毒软件。

第三，加强对网上资源的访问控制，防止非法用户进入网络，充分利用网络操作系统和文件管理系统所具有的安全管理功能。

防毒杀毒是一项系统工程，必须从管理和技术两方面着手，采取综合措施建立起完善的病毒防治体系。

（五）审计技术

审计技术旨在记录电子文件运行处理的全部过程，抑制非法使用系统的行为。采用审计技术的电子文件管理系统将自动记录下系统运行的全部情况，形成系统日志。系统日志是一种记录系统运行状态的重要资料，它就像“黑匣子”一样，记录了系统中所有与数据、程序和资源相关的事件，包括机器使用时间、敏感操作、违纪操作等。审计记录可以为电子文件的真实性提供有力的证据，管理员可以通过分析系统日志，追踪事件发展，排除系统故障，侦察恶意事件，维护系统安全，从而更好地保护系统的安全性和可靠性。优化系统日志的设计，以确保文件系统的安全性和操作环境的可靠性，并有效地利用系统资源。

（六）防写技术

防写技术旨在确保电子文件的完整性和安全性，它利用先进的技术手段将原本处于动态的数据固定在一个静止的位置，以确保数据的完整性和可靠性。大多数文件管理系统具有将在其中运行的文件的文件属性设置为“只读”状态的功能，在只读状态下，文件内容只能被读取，不能被更改，除非具有高级权限的用户来更改文件的“只读”属性。另一个简单的技术手段是将文件内容刻录到可录光盘（CD-R）、一次写多次读（WORM）磁盘等一次性写入存储介质上，这些不可逆式（无法改写已写入的内容）的存储载体有效防止了对静态电子文件内容的改动，保证了电子文件的真实性和完整性。

第四节　人才队伍保障体系

随着信息技术的飞速发展，在档案信息化进程中，拥有知识和技能的人才是档案信息化建设获得成功的关键因素，也是建立档案信息化保障体系的核心任务。然而，技术的不断进步也对档案信息化人才提出了更高的要求，他们需要不断学习、提升自身能力，以满足日新月异的市场需求。培养和运用各类人才是档案信息化发展的关键，也是其成功的重要标志。

一、人才队伍的素养要求

（一）创新思维模式

尽管观念看似无形，但它却能够极大地影响档案信息化人才的决策和执行能力。因此，应该努力培养档案信息化人才以下几种思维模式，以提高他们的实践能力和创造力。

1. 开拓思维

积极追求理想，勇于接受挑战，勇于挑战极限，不断开拓创新，不断进取，勇于拼搏，努力实现自身的发展，摒弃守旧、畏难、不作为的落后思维。

2. 战略思维

战略是对事业发展全局性、长远性的谋划，战略眼光是大视野，战略目标是大手笔。为了更好地满足社会发展的需求，我们应该将档案信息化与改革开放、经济繁荣、知识管理、文化传播等紧密结合起来，加强顶层设计，从上而下、积极稳步地推动档案信息化的发展，以改变过去分散的发展模式，实现更加高效的档案管理。

3. 策略思维

策略是又快又好地实现战略目标的最佳路径。为了弥补档案信息化的不足，应当采取“内合外联”策略，即在内部，整合档案技术和信息资源，在外部，建立与其他信息系统的联系，接收并传播优质档案信息资源，使档案信息系统成为社会信息的重要集散中心。

4. 人本思维

为了实现“以用户为中心”的目标，档案信息系统应以满足用户和档案工作者的需求为出发点，努力提升用户体验，做到操作简单、界面友好、具有人性化，以期达到最佳效果。

5. 开放思维

网络是一个开放的平台，它可以让我们更好地利用各种信息资源，提高档案工作的效率和质量。因此，我们应该积极推进档案信息系统与其他社会信息系统的互联互通，实现无缝对接，从而更好地利用数字档案资源，提升档案工作的社会影响力和认可度。

6. 忧患思维

电子档案的存储和传播方式变得越来越多样，技术依赖性和表现虚拟性也日益显著，这使得电子档案容易失真、失全、失效和失密。数字化带来的灾难往往会在瞬间造成毁灭性影响。因此，在进行档案信息化建设时，我们必须时刻保持警惕，既要注重技术防护，也要注重人员防护，两方面都要做得很好。

7. 辩证思维

在档案信息化建设过程中，我们会面临许多矛盾的对立面和统一体，如资金的投入与产出、数据的存入与取出、配置的集中与分散、信息的共享与保密、文件的有纸与无纸、资源的增量与存量等，因此，我们需要以联系的方式和发展的眼光去理解这些矛盾，并努力处理好它们之间的关系，避免采用僵化的思维方式。

（二）重构知识结构

按照档案信息化的需要，现代档案工作者的知识结构需要进行以下补充。

1. 信息鉴定知识

随着信息技术的发展，档案信息的数量已经达到了前所未有的规模，并涵盖各种领域，价值也变得更加丰富多彩。因此，档案工作者需要掌握电子档案信息的内容价值和技术状况的鉴定知识，以便及时、准确地获取有价值的信息，并依据其重要性来确定保存期限。

2. 科学决策知识

档案信息化的实施需要科学的规划和管理，档案工作者需要具备深入调查研究及制定科学的战略规划和实施方案的能力，以便更好地把握大局，把握方向，登高望远，运筹帷幄，避免信息化的失误和损失。

3. 宏观管理知识

档案行政是推动档案信息化发展的重要力量，因此，档案工作者应具备良好的组织能力、指挥能力和档案信息化法规、制度、标准和规范的专业知识，并能够有效地将档案业务与IT结合起来，以实现依法行政的目标。

4. 需求分析知识

档案信息系统建设须以用户为中心，以需求为导向。因此，档案工作者应该全面地了解当前、未来以及内部公众的需求，以便更好地满足他们的使用要求。档案工作者还要精确地描述、定义和实现档案信息系统的各项要求，以保证其可靠性、有效性和可操作性。

5. 系统开发知识

为了更好地将档案业务与信息技术融合在一起，档案工作者应该积极参与到档案管理信息系统的开发中来，并且掌握一定的软件工程理论知识和软件开发技能，以及熟练运用信息技术的专业语言，准确把握档案利用者的需求，从而更好地满足其利用需求。

6. 系统评估知识

评估是保证系统有效运行的关键。档案工作者应该具备评估档案信息系统质量的能力，并能够从专业的角度来分析系统的间接效益和直接效益，以及管理、经济和性能方面的指标。此外，他们还应该能够提出改进建议，以解决系统中存在的问题。

（三）提升操作技术

1. 信息输入技术

通过采用最新的键盘输入、语音、文字、图像识别、数据导入、数据导出、存储，以及数码摄影和摄像技术，可以迅速、精确地输入文字、图像、声音、视频等多种信息。

2. 信息加工技术

通过使用信息检索工具，可以从指定的网页、服务器和脱机载体中收集档案信息。根据档案的形式和内容特征进行分类，并按照它们之间的联系进行组件、组卷或组盘。使用自动或手工方式对档案进行著录和标引，并对档案元数据进行采集、封装和管理。

3. 信息保护技术

熟练掌握数据库管理、数据组织、数据迁移、数据加密、数字签名、脱机存储、网络访问控制、数据容灾，并且能够确保电子档案的真实性、完整性、有效性和安全性，从而为企业提供更加可靠的信息服务。

4. 信息处理技术

熟练掌握文本编辑、图像处理、视频编辑、文件格式转换、数据下载和上传等技术，并具备丰富的档案多媒体编研经验，可以根据特定主题创建出高质量的档案编研成果。

5. 信息查询技术

通过正确选择检索项、关键词、主题词和分类号，并组织合理的检索表达式，可以有效地满足用户查档需求，也可以对在线或离线保存的文本和超文本全文信息进行检索，还可以实现打印、下载、排序和转发等功能。

6. 信息传输技术

信息通信技术可以通过多种方式，如电子邮件、短信、微博、微信等，来接收、发送、分享、呈现、存储、查看、分析、展示各种文字、图片、音频、视频等。

（四）优化队伍结构

档案信息化建设的人才队伍至少需要以下四种类型的专业人才，特别需要兼备两种及以上特质的跨界复合型人才。

1. 研究型人才

档案信息化的实施需要科学的理论指导，没有这种指导，实践将变得毫无意义，理论也将变得毫无价值。研究型人才应该担负起理论探索和实践指导的重任，他们应该深入研究电子文件归档管理、电子档案科学保管和远程利用的方法，以及新技术和新方法在档案领域的应用，开发先进、适用的档案信息管理软件，并制定电子文件和数字档案管理的标准规范，以达到档案信息化的最佳效果。主持或参与档案信息化科研工作，从理论和实践的结合上指导档案信息化工作的开展，培养档案信息化建设人才。目前，档案信息化研究者主要由档案信息化工作者和高校师生构成，他们有各自的优势，却又各自存在理论与实践方面的不足，最好是两方面研究者进行强强联合、优势互补，从而促进理论和实践的紧密结合和良性互动。

2. 管理型人才

档案信息化建设是复杂的系统工程，需要实行严格的目标管理和精细的过程控制。管理型人才的主要责任是了解国内外档案信息化的最新发展动态，总结经验教训，制定可行的档案信息化战略规划，并制定相应的管理措施和标准；组织、监督、指导本地区和本单位的档案信息化工作，协调档案信息化建设与其他外部信息系统的关联；培养和利用档案信息化专业人才，有效筹措和合理分配信息化建设资金。目前，各机构的档案信息化管理职能多数由档案管理人员担任，他们具有传统档案管理的理论知识和实践经验，但是往往缺乏信息化知识和技能，又由于公务繁忙，缺乏接受信息技术继续教育的机会，可能造成档案信息化管理上的缺位或错位。由此，亟待通过各种途径提高现有档案行政干部的信息化素养。

3. 操作型人才

档案信息化涉及的环节多、操作性强，需要一大批既懂档案管理业务，又熟悉计算机操作技能的操作型人才。这类人才的主要责任是应用计算机网络技术，从事档案数据积累、归档、组卷（组件）、分类、编目、扫描、保管、鉴定、检索、备份等操作。他们的工作重复、枯燥，容易因疲劳、烦躁而出差错。而且他们的工作责任心和操作能力直接关系档案信息资源的安全、质量和价值。因此，对他们的素质要求是具备强烈的信息安全意识、高度的工作责任心和熟练的操作技能，例如，纸质档案扫描要求档案工作者掌握规范的操作流程和方法，以及必要的图像处理技术。操作型人才的培养需要短期的突击培训，更主要依靠在实践中的锻炼。

4. 其他型人才

（1）法律人才

档案信息化建设，特别是网站建设，可能涉及保密、隐私保护、知识产权、合同管理、网络安全等法律问题，需要具有相关法律知识的人才提供法律支持。

（2）外语人才

外资、中外合资企业的档案信息系统和档案信息资源往往涉及大量的外文，需要外语人才。

（3）数据库管理人才

数据库的定义、运行维护、资源配置、权限设置、数据迁移等都需要数据库管理的专业知识，此项工作往往由本单位信息技术人员担任，如果数据库服务器设在档案部门，那么档案部门也需要配备这样的专业人才。

（4）多媒体档案编研人才

如果本单位涉及大量多媒体档案编研工作，则需要配备必要的多媒体档案编研人才，以便从事对多媒体档案的收集、整理和编辑工作。

值得指出的是，以上人才结构的落实，关键在档案部门的岗位设置。由于各单位受人力资源编制的限制，因此从实际出发，以上人才岗位的设置既可以是专职，也可以是兼职，但如果是兼职，则不宜兼职过多，以免影响其专业能力的发挥。

二、人才队伍的建设策略

（一）预测与规划

人才的引进与培养不可能一蹴而就，特别是从档案队伍中培养信息化人才需要较长的时间。为此，各单位要按照本单位、本行业档案信息化长远规划和可行条件，分析人才总量、结构、分布与需求的差距，对人才需要进行前瞻性预测，对人才引进和培养方式进行决策，制订计划、纳入编制，有步骤地引进和培养人才。规划要综合考虑到人才的知识结构、技能结构和类型结构。

（二）组织与管理

1．加强人才队伍建设工作

各机构要真正树立起科技是第一生产力和人才是第一资源的意识，把档案信息化人才队伍建设工作摆上重要议事日程，定期讨论研究，解决人才配备、培养、使用中遇到的难题。

2．加强人才资源的行政管理

人力资源管理人员要注重发现有潜质的人才，将他们安排在适当的岗位，为他们提供施展才华的舞台；要培养人才的创新精神和实践能力，对在信息化建设中的贡献者给予必要的奖励；要提供必要的工作条件，保障经费，加强对信息化人员的继续教育和岗位培训，提高他们的综合素质、服务意识和档案信息安全意识；要重视对人才理论、人才成长规律和管理规律的研究，学习借鉴国外人才资源开发的经验。

3. 加强督促检查，狠抓落实

定期对档案信息化人才队伍建设情况进行调查研究、督促检查。建立一套符合人才成长规律的工作制度并营造人才成长的良好氛围，为建设素质优良、结构合理、队伍稳定、技术精湛、经验丰富，并具有敬业精神的档案信息化人才队伍提供各种支持条件。

（三）培养与使用

1. 人才培养途径

（1）对现有档案业务人员的教育与培训

通过加强对档案业务人员的培训，可以更好地满足档案信息化建设的需求，并且可以大大提升现有档案业务人员的信息化素养和技能水平。

《全国档案信息化建设实施纲要》明确提出，要求各级档案部门领导干部不断提升自身的信息化素养，将计算机应用基础知识、数字化技术知识、网络技术知识、现代管理技术知识等纳入指导性教学计划；同时，要加强对档案业务人员的技能培训，让他们更好地掌握和运用最新的技术，以提高档案信息化建设的效率和质量。

为了提升培训的效率，我们应该将档案部门的自我提升与社会支持相结合。具体而言，我们应该建立一个专业的人才培训中心，按照不同的时间段、地点对员工进行定期的轮岗培训，致力于培养出更多高素质的信息技术人员。并且如果条件允许，我们还应该成立一个专业的研究机构，通过引入社会资源和充分发挥高校的优势，开展更多的档案信息专业培训，同时与国内外知名的教育和科研机构建立联系，共同打造一个具备良好发展潜力的档案业务人才培训平台。无论采用何种培训模式，最重要的一点是要制订科学的计划，并且确保足够的资金投入。只有这样，人才培训机制才能够建立起来，培训工作才能够持续发展。如果没有足够的资金投入，即使有最优秀的计划，培训工作也很难得到有效实施。应将档案信息化建设的实践作为一种有效的培养方式，以提升档案业务人员的信息化建设能力和实际操作技能，从而使他们在学习、实践、总结、提升的过程中受益匪浅。

（2）引进人才

为了满足档案信息化建设的需求，我们需要引进信息技术专业人才，他们必须具备良好的综合素质，具有强烈的事业心和责任感，并具备较强的信息技术能力和团队协作意识。因为我们需要在短时间内培养这些人才，所以在引进人才时要严格审核，特别要考察其解决实际问题的能力，避免盲目引进。对于引进的IT人才，要尽快使其掌握档案理论和业务知识。

(3) 短期聘用人才

IT人才也分各种层次和专长，他们适用于档案信息化建设的各个阶段和岗位，如系统分析员适用于系统建设的前期阶段，该阶段结束后，就不需要系统分析员了。为了更好地实现档案信息化建设，我们可以采取外包、合作或聘用的方式来解决一些高级技术人才和纯技术性工作的需求。此外，我们还可以招募法律专业人才、外语专业人才、多媒体档案编研专业人才、数据库管理专业人才和系统维护专业人才，以满足档案信息化建设的需求。

2. 人才培养方式

人才培养的方式应当是多层次的。高等院校是档案信息化专业人才的培养基地，具有较强的师资力量、较高的科研水平和完备的教学设施，档案学人才是我国档案人才培养的主体，全国每年培养档案学专业人才千余名。然而，高等院校现有的教学规模仍不能满足档案信息化人才发展的需要，而且单纯的学历教育难以满足档案信息化实践的需要。因此，必须通过继续教育、岗位培训、专题短训等方式，对具有档案专业背景和信息技术背景的人才，按照“缺什么，补什么”的原则，进行各种专业知识和技能的突击培训，完善人才的知识结构，以解档案部门复合型人才紧缺的燃眉之急。

3. 人才的使用

档案信息化建设要想吸引人才、留住人才，调动人才为档案事业奉献的自觉性和主动性，就需要制定相应的人才吸引政策；关注和解决档案信息化人才的切身利益；给人才安排适当的岗位，使其发挥专长；给人才提供继续教育和实现自身价值的机会，做到以“事业留人”“感情留人”“适当的待遇留人”，真正做到人尽其才，才尽其用。

第五节　信息技术保障体系

改革开放以来，我国档案事业坚持信息化带动战略，并取得了长足进步。实践证明，以信息技术应用为先导的科技创新，永远是档案事业科学发展的不竭动力。当前时代正面临新一轮信息技术改革的浪潮，为了更好地抓住信息技术改革的先机，研究并自觉应用新一代信息技术，需要增强对新技术发展和应用趋势的认识。

一、新一轮信息技术发展的“四化”

当今时代，在社会需求的驱动下，信息技术的发展精彩纷呈，并呈加速度的态势。归纳起来主要有以下“四化”。

（一）移动化

随着笔记本电脑、智能手机、移动电视、平板电脑及各种电子阅读器的普及，以及无线、宽带互联技术的飞速发展，信息处理和传播变得更加便捷、高效，多媒体内容也变得更加多样。美国苹果公司的电子产品曾经是移动计算技术发展的先驱，其以便捷的拖曳触摸屏技术、无限在线和无尽存取的网络链接，为用户带来了前所未有的体验，赢得了无数电子产品爱好者的青睐。如今，智能手机、平板电脑、电子书等新兴产品如雨后春笋般涌现，传统电脑、电视已经全面进入了移动化时代。

（二）融合化

融合化的标志是移动通信、有线电视和互联网的融合，这使得人们可以利用碎片时间上网，无论是手机、电视机还是计算机，都可以实现无缝的连接，而且随着 4G、5G 和 WiFi 无线宽带技术的普及，以及多媒体、超高清、数码压缩和媒体播放器等影像技术的飞速发展，使得网络的使用更加人性化、私密化、娱乐化、交互化和移动化，从而极大地提升了人们的生活质量和社会效益。随着移动技术的发展，大容量高清多媒体信息可以被轻松、流畅地浏览，跨越时空，深入社会各个领域，改变人们的生活方式，为人类带来更多的便利和福祉。推而广之的互联网强调融合技术的重要性，而“互联网 +”则更加强调了融合技术的实际应用。因此，档案信息化建设应该充分利用新兴信息技术的融合优势，以实现更高效、更全面的管理。

（三）虚拟化

通过虚拟技术可以模拟出一个完全不同的时空环境，让人们能够体验到更丰富的世界，而无须担心资金投入或安全风险。例如，虚拟终端技术可以将多种应用软件推送到低配置的终端设备上，这样，终端设备就可以轻松访问各种丰富多彩的网络资源，而无须下载和安装任何软件。随着虚拟技术的飞速发展，从终端到服务器，从存储到桌面，再到云技术的广泛应用，虚拟技术已经成为商业运作的重要组成部分，并且将在社会生活中得到广泛的应用。随着虚拟档案馆和虚拟档案室的普及，档案信息化的发展正朝着更加专业化、规模化、集成化和高效化的方向迈进，从而降低了成本，减少了风险，提升了档案管理的质量和效率。

（四）依存化

未来，信息技术的应用将不再是孤立的存在，而是各种新技术的有机结合，互相补充，从而形成一个完整的系统，比如，云技术将网格技术、虚拟技术、分布技术、资源均衡技术等融合在一起，实现更加高效的应用。随着新技术的不断发展，网络运行环境也在不断变化，如云技术的应用需要依赖法制化和规范化的商业运作模式。因此，档案行业必须具备综合性、集成性的信息技术应用能力，并及时采取有效的保障措施，以确保档案信息化的顺利实施。

二、信息技术新发展对档案信息化建设的影响

信息技术是把“双刃剑”。只有正确认识和科学应用信息技术，才能趋利避害，给档案工作发展带来“正能量”。信息技术在档案信息化领域中的应用前景广阔，下面简单介绍和评述新一轮信息技术对档案工作发展的影响，希望引起档案工作者的密切关注。

（一）图像采集与识别技术

近年来，为了适应多媒体和全媒体技术的飞速发展，计算机图像采集与识别技术也日新月异。

1．图像采集技术

数码摄影、摄像、扫描等图像采集设备的功能日益强大，使用日益便捷，由此催生了海量的、高质量的图像信息。图像采集技术一方面使多媒体档案的收集、整理、保管、保护面临巨大的压力和难题；另一方面使档案资源增添大量生动直观的优质信息资源，弥补了传统文字档案可视化不足的缺陷。

2．识别技术

识别技术包括生物识别、图像识别、磁卡识别、电子标签（又称射频识别技术）等。识别技术的日益成熟和成本下降，为档案信息化的应用创造了充分的条件，在辅助档案实体的档案进出库登记、借阅登记、归还登记、入库档案清点、

档案库房安全管理等方面有广阔的应用前景。

3. 手机二维码技术

手机二维码技术已经广泛应用于社会各领域，其也可用于档案用户身份识别、文件防伪和网站快速定位等，显著提高了档案信息主动推送和档案网站快速访问的效率，进一步促进了档案事业的社会化。

4. 光学字符识别（OCR）技术

OCR 技术使图像信息迅速转换为文字信息，便于将目前大量扫描形成的图像档案文件转换为档案大数据，也便于当代大数据技术的应用，为档案的内容管理和全文检索奠定宝贵的基础。

（二）存储技术

随着数字信息存储技术的飞速发展，涌现出存储区域网络、网络附属存储、云存储、固态硬盘、存储卡、磁盘阵列、磁带库、光盘、光盘塔、光盘库等新型存储技术和存储设备。

1. 海量化存储技术

存储海量化、载体密集化、存取快捷化是海量化存储技术的特点。海量化存储技术一方面既有利于发挥大数据电子文件存储密集、传播方便的优势，又有利于大容量多媒体电子档案的长期保存；另一方面也增加了电子档案信息失窃、失落、失真、失密的风险，使电子文件安全保管面临更大的挑战。

2. 集群存储技术

多台服务器“团队作业”的集群存储技术能显著提高档案信息系统的快捷性、稳定性和灵活性，有利于大数据档案的安全存储、高效处理和广泛共享。

3. 自动采集元数据技术

如今计算机的各种移动终端都可以为我们的操作行为自动留痕。手机和相机的摄影、摄像都可以自动记录拍摄的日期、位置、版权等元数据，有效地保护、管理和利用这些信息，可以使电子文件元数据管理真正从理论探索走向实践，显著增强电子文件的真实性、完整性、有效性和还原历史的能力，由此确保电子文件的档案价值。

4. 固态硬盘技术

固态硬盘技术的普及将使信息存储更加稳定、处理更快捷，也使移动终端更加轻便、省电。这将有利于档案数字化信息的长期保存和保护，同时加速档案服务终端的移动化进程。

（三）检索技术

检索技术包括搜索引擎、网络机器人、智能检索、图像检索等。该技术对档案信息化的影响是：

第一，检索功能智能化使计算机对自然语言（如关键词）的检索具有一定的语义推理、扩检能力，可显著提高查全率和查准率并方便用户，可广泛应用于档案检索。

第二，检索条件图像化将过去的通过文字检索转变为通过图像检索，如指纹、照片检索，从而显著提高影像档案的检索能力，给检索手段带来巨大的变化。

第三，检索服务简单化使各种移动终端和搜索引擎的使用更加便捷，从而使检索服务更加人性化，如检索后提供自动摘要、自动跟踪、自动漫游、机器翻译、动态链接等。网络机器人技术可以对特定的检索需求进行定制，自动挖掘互联网信息。

第四，检索领域多样化可提供多语种、多媒体服务，还能提供政治、军事、金融、文化、历史、健康、旅游等各种专题的个性化服务，这些都能使档案检索系统的设计更好地面向用户，深入满足大众的各种档案需求。

（四）移动终端技术

移动终端技术包括5G通信技术、移动电视、平板电脑、电子阅读器等。该技术对档案信息化的影响是：

第一，基于5G通信的移动技术，使过去的移动脱机终端向移动互联网终端发展，可将任何公开的档案信息在任何时候提供给任何地点的档案用户，使档案利用彻底打破时空障碍。

第二，终端的移动性更强，智能化程度更高。智能手机、平板电脑、电子阅读器、超级笔记本等性价比迅速提升，使档案的远程移动检索成为可能。

第三，智能终端操作系统及应用技术迅猛发展，为档案信息采集、处理、编辑、利用、传播提供了丰富的功能，也为档案事业发展提供有力的技术支持。

第四，人机交互技术日益更新，包括触屏技术、语音处理技术、体感动作识别技术等，该技术使移动终端的用户界面更加友好，吸引越来越多的档案用户，进一步扩大档案工作的社会影响。

（五）融合技术

融合技术包括三网融合、三机合一和物联网技术。三网融合是指电信网、广播电视网、互联网三类网络的融合。三机合一是指电视机、计算机、手机三类终端之间的信息互连，功能优势互补。三网融合是三机合一的基础。物联网（IOT）是物物相连的互联网，其核心和基础仍然是互联网，也可通过识别器、传感器、控制器等技术，形成人与物、物与物之间相连。融合技术对档案信息化的影响是：

第一，使网络用户遍及社会生活的各个领域，档案信息系统只要搭上三网融合、三机合一的平台，就将显著提升其社会影响力。

第二，使多媒体信息的制作、编辑、传递、检索更加方便快捷，同时为多媒体信息的广泛传播及开发、利用提供了先进的平台。

第三，有利于减少基础建设投入，简化网络管理，降低维护成本，进一步提高网络资源共享利用率。

第四，物联网将进一步提高档案自动化管理水平，其在自动调阅档案（卷）、手机遥测并控制档案库房温湿度等方面有广阔的应用前景。

（六）影像技术

影像技术包括数码相机、摄像机、多媒体、流媒体、3D 展示、数码压缩、触摸屏等技术，该技术对档案信息化的影响是：

第一，影像清晰度的日益提高，使多媒体档案的记录质量和利用价值进一步提升，为档案的编研和社会服务开辟新的领域；也使影像档案存储更加海量化。但对档案的收集、整理和长期有效保存提出了新的挑战，并对档案存储密度和档案信息传输的带宽提出了更高的要求。

第二，流媒体、媒体播放器和数码压缩技术的日益发展，将使多媒体档案的网络传播速度更高，编辑效率也更高，终端播放更加流畅。

第三，多媒体编辑工具的功能日益强大，并向移动终端延伸，为档案多媒体编研技术的普及创造了条件，也将促进档案多媒体编研工作的广泛开展。

第四，3D 展示技术提供了档案虚拟展览手段，在档案信息的网络展览和社会化传播方面将有广阔的用武之地。

（七）安全技术

安全技术包括数字签名、数字印章、数字加密、防火墙技术、备份技术等，该技术对档案信息化的影响是：

第一，由单一安全产品向安全管理平台转变。档案信息系统安全防护技术将借助先进的管理平台成为一个有机组合的整体，而不是仅依靠单一的安全防护产品，头痛医头，脚痛医脚。

第二，由静态、被动防护向动态、主动防护转变。档案信息系统可采用动态、主动的安全技术，如应急响应、攻击取证、攻击陷阱、攻击追踪定位、入侵容忍、自动备份、自动恢复等防御网络攻击。

第三，由基于特征向基于行为的安全防护转变。过去档案信息系统按特征拦截黑客攻击存在较大的漏洞，而基于行为的防护技术可做到疏而不漏。

第四，内部网络安全技术得到发展。网络安全威胁不仅来自外部网络，有时内部网的安全威胁更大。因此，档案信息系统内部网络安全技术将越来越得到重视。

第五，信息安全管理由粗放型向量化型转变。对档案信息安全状况检测和评估的量化，将改变过去凭经验、模糊化的粗放管理方式，使安全控制更加有效。

第六，基于软件安全的方法及相关产品将快速发展。软件是信息网络安全的灵魂，发展基础性档案信息安全软件有利于从根本上杜绝安全事故。

鉴于以上发展趋势，今后档案信息的安全管理将趋向于合理地选择和配置先进适用的网络安全技术，制定安全管理策略和正确使用安全技术。

三、云计算技术在档案信息化建设中的应用

云计算是当前信息技术领域的热门话题之一，正受到社会各界的高度关注，并将使档案信息化建设面临一系列新的机遇和挑战。

（一）云计算的概念及特征

云计算是一种基于互联网的计算方式。这种方式利用分布式计算和虚拟资源管理等技术，通过网络统一组织和灵活调用，将分散的信息资源集中起来形成共享的资源池，并以动态按需和可度量的方式，向使用各种形式终端的用户提供服务。在云计算环境中，应用软件直接安装到了云端的服务器中，而不是用户终端上，用户仅需要通过 Web 浏览器登录到云端的管理平台就可以使用软件并得到所需服务。“云”是一种抽象的概念，由大量基础单元（云元）组成，它们之间通过网络连接形成一个庞大的资源池。

云计算包含 IaaS、PaaS 和 SaaS 三种服务模式。而根据服务对象的不同，可以将云计算分为私有云、公有云以及混合云等。

（二）云计算用于档案信息化建设的优势

采用云计算技术能够为档案信息化建设带来诸多益处。

1. 实现档案信息资源共享

利用云计算技术，档案部门可以有效避免“信息资源孤岛”软件的多头开发，并且可以在不同地域建立“共享池”档案信息资源库，实现电子档案资源的高效整合和共享，从而提高档案管理的效率和质量。

2. 节省投资成本及运维费用

众多档案部门不再需要构建自成体系的软硬件平台，而以极低的成本投入获得极高的运算能力，大幅度降低运维费用和提高运维效率。

3. 提高信息系统的安全性

过去，档案馆的数据主要存储在本馆的服务器上，如果服务器发生故障，那么就无法为用户提供正常的服务，甚至可能导致数据的损失。但是，随着云计算的普及，大量的服务器可以被分配，即使有一台服务器出现故障，也能够使其他服务器迅速地将故障的数据恢复到原始的状态，并且能够自动启动新的服务器，从而保证数据的连续性和安全性。

4. 解决人才短缺问题

云计算的档案信息系统维护由云端技术人员负责，与目前各档案部门配备专门的信息技术人员的做法相比，既专业又节约人力成本。

（三）云计算对档案信息化建设的保障

目前，档案信息化建设面临资源整合难、数据集中难、系统运维难、资金投入难、人才引进难等诸多难题。云计算技术的出现，将为档案部门走出困境提供新的思路。

1. 档案信息化基础设施保障

由于经济水平的差异，不同地区对档案信息化建设的投入也存在较大差别。经费紧张的地区难以满足基础设施建设的需求；而经济发达地区的基础设施资源存在一些闲置的现象。为此，档案部门可以采用云计算的基础设施即服务模式，整合档案行业的服务器、存储器等设备，通过云平台向各级档案部门提供基础设施服务，这不仅可以避免设施建设重复投入的浪费，也可以减少技术力量较弱的档案部门的系统运维开支。

2. 档案信息化业务平台保障

档案管理应用系统的研发和运维需要档案部门投入大量资金和人力，但仍难以确保应用系统的质量。采用平台即服务模式，各级档案部门可以集中使用资金和优秀的人才，研制和推广通用的档案管理软件，既可避免软件重复研制的资金投入，又可通过通用软件的推广，改变过去因重复建设造成数据异构、平台异构、流程异构，档案信息资源难以互联共享的弊端。

3．档案信息化高效利用保障

如何通过档案的社会化服务，增强档案的社会利用价值，提高社会的档案意识，是新时代加强和改进档案工作的重要课题。

依托部署在云端的档案资源管理体系，公众可便捷地获得数字档案资源，并开展不同专题的档案编研；也可以将家庭档案和个人收藏制作成精美的网络展览，并放入云端共享；还可以利用云端提供的一站式检索功能获得跨专业、跨地区的档案信息。

（四）云计算应用于档案信息化建设遇到的障碍

云计算必将大幅加快档案信息化建设的步伐。但目前云计算技术的研究还处于初级阶段，存在诸多问题需要解决。其中，安全问题与制度问题是制约云计算与档案信息化相结合的主要因素。

1．安全风险时有发生

档案是国家的宝贵财富和重要信息资源，具有一定的保密性，且安全性要求相当突出。自云计算服务出现以来，由于软件漏洞或缺陷、配置错误、基础设施故障、黑客攻击等造成信息服务中断的事件大量发生。大部分用户对云计算的安全、性能和可靠性等持有怀疑态度。我国用户在选择云服务商时，首要考虑的问题为稳定性、安全性和网络质量。

尽管云计算系统在技术上具有一定优势，但是它也存在安全漏洞，而且由于网络服务化、数据集中化、平台共享和参与角色多样化，云计算所面临的安全风险比传统信息化系统更加复杂，因此，应当采取有效的安全措施来确保云计算系统的安全性。然而，应该认识到，在大多数情况下，云服务提供商可以提供更加专业和完善的安全功能，包括访问控制、攻击防范、数据备份、安全审计，以及统一的安全保障措施和策略，以确保个人和中小企业用户的系统和数据安全。

2．相关制度尚未建立

在云计算技术的概念背后，仍有诸多模糊的定义。每一个云服务提供商都站在自己的利益角度解读这项技术，以求更大的经济效益。“无规矩不成方圆”，缺乏云计算服务所必需的标准规范、合同范本、采购管控、评估认证、后期管理等相关配套制度和管理机制，使云计算在档案领域的应用面临诸多困难。

然而，云计算毕竟是信息化发展的新趋势，档案信息化建设必须以积极的心态迎接档案云时代的到来。

四、大数据技术在档案信息化建设中的应用

（一）大数据技术探析

谷歌公司为提高用户使用互联网的效率，率先建立了覆盖数十亿网页的数据库，成了大数据应用的起点。而大数据技术的源头，则是谷歌公司提出的一套以分布式为特征的全新技术体系。

要想有效处理大数据，就需要采用新型计算架构和智能算法；而大数据的应用则强调将新的思想运用到决策中，发掘新的知识，更加重视在线闭环的业务流程优化。大数据不仅是一种庞大的资源，更是一种全新的工具和应用，它将为我们带来前所未有的变革。

（二）大数据关键技术

随着科学技术的发展，大数据的生命周期已经发生了巨大的改变，它不仅仅从数据源开始，还涉及五个主要环节：数据准备、数据存储与管理、计算处理、数据分析以及知识展示。其中，数据准备环节的改变仅仅表现在数量上，但是它的影响力却不容小觑，它可以改善数据的可用性和可视性，因此，重塑技术架构和算法，以及开发更加先进的大数据应用，已经成为当前及未来一段时间内的研究热点。

1．数据准备环节

随着大数据的迅速增长，其形态、类型和质量都变得越来越复杂，因此，在数据准备环节，我们需要对其格式进行严格的规范，以便为日后的存储和管理打下坚实的基础。同时，我们还需要尽可能地保持其原有的含义，并且剔除数据中的噪声。

2．数据存储与管理环节

随着全球数据量的迅猛增长，存储技术面临着前所未有的挑战。为此，谷歌文件系统（GFS）和 Hadoop（分布式系统基础架构）实现的分布式文件系统（DFS）应运而生，它们采用分布式架构，可以有效地解决数据海量化和快速增长的问题，同时具有良好的并发访问能力。

随着大数据技术的发展，存储技术面临的其中一个挑战就是如何适应多种数

据格式。大数据的特点之一就是多样性，因此，为了有效地管理非结构化数据，非关系型数据库应运而生，以满足不同的需求。非关系型数据库，如谷歌的 Big Table 和 Hadoop 框架下的 HBase（分布式的开源数据库），具有极高的包容性，可以应对各种复杂的非结构化数据。未来，大数据存储管理技术将进一步将关系型数据库的便捷性和非关系型数据库的灵活性有机结合，开发出更加先进的融合型存储管理技术，以满足不断变化的数据处理需求。

3. 计算处理环节

大数据计算是一种复杂的数据处理过程，它要求计算单元和存储单元之间的数据传输速率极高，也要求系统具有良好的性价比和可扩展性。分布式并行计算技术可以有效地解决这些问题，使得大数据计算分析更加高效、便捷，满足不断变化的需求。

4. 数据分析环节

数据分析是大数据价值挖掘的关键，目前有两种技术可以实现：一种是基于先验知识建立数学模型，以便分析数据；另一种是利用人工智能技术，通过大量样本数据进行训练，让机器取代人类，从而使机器获得从数据中提取知识的能力。人工智能和机器学习技术可以更好地应对当前的大数据环境，并且发展前景光明。

5. 知识展示环节

在大数据服务于决策支持的场景中，将分析结果以直观的方式呈现给用户是一项重要的任务，但是，如何让分析结果更容易被理解是一个挑战。然而，在嵌入多业务的闭环大数据应用中，机器可以根据算法直接应用分析结果，而不需要人工介入，这样就可以更好地展示知识。

第七章　大数据环境下的智慧档案馆建设

本章的研究内容是大数据环境下的智慧档案馆建设，主要是关于智慧档案馆概述、我国部分城市智慧档案馆的建设、智慧档案馆的风险分析、建设智慧档案馆存在的问题及策略、智慧档案馆的发展前景这五方面的阐述和分析。

第一节　智慧档案馆概述

一、智慧档案馆的定义

档案馆是统一保管党政机关档案的管理部门，是党和国家的科学文化事业单位，是永久档案的保管基地，是留存了各方面科学研究和档案历史资料的研究中心。因此，档案馆"智慧"与否，都必须从总体上来定义。从管理对象来看，智慧档案记录及管理了国家、社会和人类活动的重要事项；从功能上看，收集档案、管理档案、保障档案利用、传播档案文化、推动档案事业发展是智慧档案馆的重要职能。

因此，从本质上讲，智慧档案属于档案的范畴，仍然符合档案及其相关内容的定义。但不同的是，智慧档案馆之所以被称为"智慧档案馆"，是因为其具有相应的"智慧"特征。因此，作者认为，"智慧档案馆"的内涵还应该从"智慧"的角度来考虑，即云计算和物联网等多种综合技术是智慧档案馆管理档案的手段；智慧档案馆具有感知、存储、通信、识别、分析、决策、创作等多元功能，并具有自我管理和运作的能力和方式；智慧档案馆对档案（及辅助资料）进行存储、管理，向全社会、全人类开放。

"具有感知、存储、通信、识别、分析、决策、创作等多元功能"是指通过一定的技术手段实现拟人化的智能功能。例如，借助物联网技术，档案馆可以自动感知档案每一卷、每一页的入库、出库乃至后续使用的过程，并且伴随着档案移动的整个过程可以生成管理者和用户的相关信息。再如，借助云计算技术，整个地区的档案馆及其产生的所有数据和档案信息都可以互联互通，打破了传统档案馆之间的数据壁垒，甚至消除了档案馆与国家其他部门之间的数字鸿沟。还如，通过思考大数据，我们可以利用档案中有价值的档案信息对特定问题做出独立决策，并从中创建新信息。

智慧的特征之一就是独立。因此，由于上述人性化功能的存在，要求智慧档案馆“具备自我管理和运作的能力和方式”，即得到各种技术和平台的支持，才能独立履行上述功能。如果档案馆仍然需要档案员手动扫描，那么感知功能似乎也已经在功能上实现了，但还不能说是智慧的，因为它不是独立管理和运作的。

事实上，智慧档案馆与传统意义上的档案馆没有太大区别，它仍然保留了档案馆的所有属性、基本职责和具体任务。因此，智慧档案馆也承担起了为全社会、全人类提供存储、管理和利用档案（及辅助资料）的责任和任务。智慧档案馆具备“开放式档案馆”的独特特征，其开放性在于以下三点。

第一，技术开放。当前研究者对智慧档案馆的技术理解主要集中在物联网和云计算。但事实上，智慧档案馆智慧的实现不仅也不可能局限于这两项技术，而在于一套所有能够使其成为智慧的技术手段，即不仅应该包括物联网或云计算等新技术，还应该包括以前在档案馆中使用过的技术，以及尚未开发出来的未来技术。也就是说，只要是能够使档案馆智能化的技术措施，都可以供个人使用，这并不意味着只有利用了物联网、云计算的档案馆才能是智慧档案馆。

第二，资源开放。智慧档案馆可以打破传统意义上档案馆之间的数据栅栏，甚至可以跨越档案馆与国家其他部门之间的数字鸿沟。另外，资源的开放还意味着文件共享权限的开放。随着“档案记忆观”的发展，人们越来越意识到档案不仅要保存自上而下的声音，更要注重自下而上反馈的声音。而这些最真实的声音，或许就是人们自己手中的档案。随着人们档案意识的不断增强，人们更愿意与他人分享自己宝贵的档案。这意味着档案馆难以再现历史全貌的部分将由人们自己制作。从某种意义上说，每个人都是历史的见证者、档案的制作者。

第三，可持续发展模式。这是智慧档案馆最具有开放性的一点。智慧档案馆的智慧不仅是吸收各类档案信息，而且是对这些信息进行管理，同时不断产生新的信息供档案管理者和档案使用者使用。这样的模式可以实现档案馆在档案信息方面的可持续发展，就像聪明人吸收各种信息和知识并创造新知识一样。另外，传统档案部门是收集永久档案资源的部门（每个档案馆都有自己设定的受理范围），而智慧档案馆对公众的开放，让其拥有更完整的资源，成为记录历史和社会活动的宝库。公民的资源数量众多、取之不尽、用之不竭，这使得档案资源得以可持续发展。

二、智慧档案馆的特征

通过以上分析，我们对什么是智慧档案馆有了一个大概的了解。那智慧档案馆有哪些具体特征呢？下面结合智慧档案馆的定义来分析。

基于新增技术、新思维、新治理模式，智慧档案馆彰显了其深度感知、立体互联、无线泛在、可持续发展、以人为本等五个新特征。其中一些主要特征正在基于新技术逐渐显现出来，如物联网、云计算的实现；还有一些是由另一个功能演变而来的，是智慧档案馆功能相互作用和相互影响的结果。

（一）深度感知

在智慧的功能范畴中，感知占据首位，感知是档案拟人化工作的第一特征。正如杨来青所言，“感知是智慧管理的第一要求”。[①]

这里的感知包括对档案主体本身的感知、对档案附属信息的感知、对档案管理者的感知、对档案使用者的感知、对档案建筑的感知。总体而言，档案感知是对档案中的人和物进行全面、深刻的感知，不是对档案馆信息的片面感知，而是充分吸收档案馆各个角落的有用信息。它区别于传统档案馆对碎片信息的管理，而是将对碎片信息的感知融为一体，进行智能集成组合，实现信息的综合利用。

作为国家首要的社会原始档案库，档案馆不仅肩负着维护历史的本来面貌的责任，而且服务于社会主义现代化建设的现实和历史的长远需要。这就需要档案馆开阔视野。档案馆除了具有对人全面、深入的感知能力，还应具有对全社会信息的感知能力，能够满足全社会发展的需要。

（二）立体互联

有了全面、深入的信息感知模型，智慧档案馆要进一步网络化，就需要全方位、立体化的链接。

从形式上看，立体链接不仅意味着打破现有档案馆的模块化管理方式，而且

---

① 杨来青，徐明君，邹杰．档案馆未来发展的新前景：智慧档案馆[J]．中国档案，2013（2）：68—70．

实现了档案馆与档案馆之间的链接，甚至档案馆与社会其他部门之间的跨行业链接。具体包括物理环境的互联，即档案馆之间的互联、部门之间的互联、楼层之间的互联、机器之间的互联等；虚拟环境的互联，即档案人员与用户之间的互联、人机交互以及三网融合的互联互通等。

本质上，不同主体（档案馆、档案保管员、档案使用者和社会其他部门）之间的立体互联实际上反映了深刻的信息交换。智慧档案馆的立体互联共享，提供了档案单元、档案信息、档案管理环境的一体化和交互管理。档案馆三维互联、协同共享，使档案服务现代化，让档案使用者通过“入口”了解社会全貌，真正实现便民、造福人民的必然追求。

（三）无线泛在

智慧档案馆打破了信息壁垒，消除了信息孤岛现象，基于多功能的三维互联和共享，打造了无线泛在的档案使用服务环境。

智慧档案馆通过互联网、广播电视网、电信网等渠道，为档案使用者提供档案馆感知的信息以及通过互联协作获得的信息，形成任何人在任何时间和任何地点都可以使用的系统。利用档案信息的无线泛在方式，实现档案利用在渠道和使用角度上的全面功能覆盖。让用户使用档案更加方便、及时，满足用户在使用档案时的需要，使档案的使用无处不在。

档案使用者使用档案的需求差异很大，其操作水平也参差不齐，有的用户可以自己使用档案，有的则需要档案工作人员的帮助。这就要求智慧档案馆具有无线泛在功能，不仅可以将复杂多样的档案利用工作整合为几个简单可行的解决方案，而且可以通过个性化的交互来有效协助用户使用档案。

（四）可持续发展

通过对智慧档案的分析，我们知道智慧档案是“开放”的。它不仅仅是不同档案的简单集合，而且伴随着先进技术的加入和管理模式的转变，会不断产生新的信息。同时，人们共享的档案权限的开放性、公民自主性和互动性的服务和管理模式，将为公众持续参与档案工作提供了可能，体现出了开放创新、大众创新、协同发展的特点。档案馆资源的丰富性为持续、可持续发展创造了机会。也正因为如此，提高了公众对档案工作的认识、关注，甚至监督。无疑，这为我国档案工作的进一步发展提供了源源不断的动力，成为我国档案事业不断发展、进步和提升的源泉。

对具有感知特性的智慧档案馆来说，除了感知档案信息和人，还可以感知档案馆的一般运作情况。智慧档案馆可以实现建筑内设备的环保和资源的利用、生态安全，符合国家环保与环境友好的可持续发展理念。

此外，通过打破档案馆之间的信息壁垒，档案信息的采集和聚合给整个社会带来了“1+1>2”的效应，具有信息再生能力的智慧档案馆有了更广泛的应用范围，可以更好地服务人民和社会。

（五）以人为本

智慧档案馆中的“智慧”源自“智慧城市”的概念。智慧档案馆的建设正在慢慢探索，并作为智慧城市整体建设的一部分在逐步推进。它还要求智慧档案馆的某些特征与智慧城市的某些特征相一致。

智慧城市是以人为本的城市。其本质是利用创新技术服务广大城市居民。城市工作必须立足于满足人民群众工作生活需要，让人民群众生活得更加舒适、方便、幸福，这是城市管理的基础。无论科学技术多么先进，以及一个城市的不同部门如何协同工作，智慧城市的根本基础是让人们生活得更加便捷、舒适，可以看到，智慧城市的本质在于人，体现出以人为本的特质。

相应地，智慧档案馆也具有以人为本的特点。上面提到的几个功能都是以人（记录管理员和存档用户）为中心的突出功能。首先，智慧档案馆的深度感知功能可以感知档案单元或内容变化的信息，使档案管理员无须亲自查看档案动向，就能知道每个档案的位置。从某种意义上来说，这取代了档案管理员的部分工作，让档案管理员能够专注于更有价值的工作，提高了档案管理员的工作效率。其次，立体链接和无处不在的无线功能实际上为文件用户提供了便利。一方面，档案馆与档案馆之间没有了距离，用户可以更方便地找到位于不同档案馆中的档案；另一方面，随时随地可用的无处不在的档案服务让档案用户足不出户就能找到自己需要的档案信息。最后，可持续发展的标志是站在更高、更长远的角度考虑全人类，使档案馆成为绿色、环保、可持续发展的部门，体现以人为本的更高境界。

综上所述，智慧档案馆的五个特征正在逐步发展和进步。深度感知是基础，立体互联是深度感知的延伸。两者都属于技术支撑，它们可以让智慧档案工作更加智能、高效。无线泛在是关键，因为无论存档模型如何发展，其首要目标都是更方便管理和使用档案。此外，开放档案作为国家可持续发展的重要职能部门的发展新模式，其最终目标是档案工作和档案事业的可持续发展。上述四个特征与智慧档案馆以人为本的特征密切相关，以人为本是指导智慧档案馆理论建设和实践发展的主要出发点。从档案馆具体技术的选择、软件的编辑和管理系统的使用，到档案馆的整体规划、开发和建设，都以不违背以人为本的原则为原则。

三、智慧档案馆建设的基本原则

（一）需求导向，以人为本

智慧档案馆的建设要面向档案用户的需求，立足于用户对档案和个性化服务的需求，以及对党政机关、企事业单位的档案业务和咨询需求，充分发挥档案信息化的作用。档案馆科学有效配置档案信息，特色支撑和服务资源可以有效提升智慧档案馆建设带来的便捷、高效、智慧和创新，让智慧档案馆的建设成果不仅惠及档案馆和政府机构，而且包括普通大众。

科学发展观的本质是以人为本，必须始终把实现好、维护好、发展好最广大人民的根本利益作为党和国家一切工作的出发点和落脚点。因此，智慧档案馆建设要遵循以人为本的理念，把贴近群众、服务群众作为智慧档案馆的核心点，将公众能用、会用、用好档案作为档案工作中智能技术应用的基本要求，弥合不同社会群体之间的数字鸿沟。坚持以人为本，为人民提供有效服务，以管党志、守国史为基础，积极实现为人民服务的目标。

（二）机制创新，共建共享

智慧档案馆建设必须克服信息孤岛现象，逐步实现档案馆内不同部门之间、不同档案馆之间、档案馆与其他机构之间的资源共创和共享。旧的管理机制需要不断改革和创新，以适应档案使用者不断变化的信息需求，所需的组织、制度、标准等建设和创新也必须继续。

智慧档案馆建设的基础是制定相应的制度和标准体系。智慧档案馆建设要整合通信网络基础设施，规范档案数据标准体系，创建和完善馆际档案管理平台和档案公共服务平台，综合协调和促进跨区域信息资源纵向整合，以及辖区内档案馆与部门间档案信息资源的横向整合。这有效促进了档案数字化的联合应用，实现了档案信息资源在各部门、各地区系统内的自由流通，真正实现了档案共建共享信息资源。

（三）统筹规划，稳步推进

智慧档案馆是数字档案馆的升级，其建设应以数字档案馆为基础进行规划，以系统工程为重点，根据地方政府事务智能化管理的总体框架和基本要求，建设智慧档案和区域档案。结合智慧政务综合考虑，确定总体布局和阶段布局，使智慧档案馆建设成为一个体系，全面整合资源，达到最优效果，推动档案收集、档案管理、档案利用等联动高度智能化变革。

智慧档案馆建设要注重前期调研、可行性研究，结合实际工作提出创新性高、应用性强的功能要求，确保智慧档案馆发展的合理性、适用性和科学性。在智慧档案馆建设过程中，档案工作人员要全程跟踪，发现问题、解决问题。在必要时，还应建立符合信息系统建设标准要求的监督机制，对智慧档案馆建设项目的进度、安全措施和质量保证进行全范围、全过程的监督。

（四）因地制宜，重点突出

在数字档案馆建设阶段，各地数字档案馆建设较不平衡，因此智慧档案馆建设在以数字档案馆建设为基础的同时，还必须根据各地不同情况进行。建设智慧档案馆固然是一件好事，但为了党、国家、人民的利益，无论前期假设和整体建设环境如何，都不能盲目启动。要结合当地的经济发展水平、地理位置、计算机基础和用户实际需求等，做好智慧档案馆建设项目的初步论证和研究，不能贪多求全。

各地区在智慧档案馆建设过程中，要充分分析自身特点，找准建设重点和突破口，注重实效。档案收集有困难的，要重视档案资源智能化建设；需要加强档案监控的，要重视档案监控智能化建设；档案供给困难的，要重视档案智能化建设；档案供不应求的，应重视智慧服务档案建设。在重点难点解决的基础上，逐步实现新一代信息技术在档案管理各个环节的深度应用，打造本地特色的智慧档案应用模式。

（五）可管可控，强化安全

档案实体及内容的安全无论是在传统档案馆阶段，还是在数字、智慧档案馆阶段都是档案馆的核心工作之一，安全是所有其他工作的基础和大前提。在建设智慧档案馆的过程中，档案馆和档案的安全是重中之重。对于安全问题，我们应该从两个角度来看待：一是在管理和技术两个层面上提供对智慧档案的管控能力；二是重点在智慧档案馆中构建智慧监控，加强对智慧档案的安全管理。

在档案管理和技术安全措施方面，要加强网络与信息安全管理，落实责任制，加强管理人员安全培训，实行档案信息安全分级保护制度，提高档案信息安全水平；加强网络法制治理和个人数据保护力度，注重“政务云”和“档案云”的建设和管理；加强档案管理基础制度建设，采取适当的措施完善技术保护手段，配备必要的软硬件，健全在故障时的文件备份服务机制，保证文件的真实性、完整性、可用性和安全性。

在智慧档案馆的智慧监控设计中，智慧档案馆利用物联网、云计算和大数据分析技术，实现全面的档案监控，并对文件进行电子识别，确保文件不发生异常移动。当程序正常提示档案离开其位置时，智能档案管理系统会报警并提醒管理人员，另外，智能档案管理系统可以利用门禁系统和计算机管理系统对相关档案管理人员进行监控，最大限度地减少档案管理人员的误操作。

（六）融入智慧城市建设

城镇化快速发展引发的智慧城市建设已成为当今城市发展的热点，国家相关部委和地方政府大力支持智慧城市建设，加强对智慧城市的资金投入和技术支持。地方智慧档案馆建设要融入智慧城市建设，一方面，可以获得智慧城市建设专项资金支持，从而有效解决智慧城市建设资金充足而智慧档案馆建设资金困难的问题；另一方面，既可以促进档案信息化与城市化协调发展，也可以促进档案管理服务创新，特别是档案信息资源层面的创新，为城市发展提供数据服务，并为公众提供个性化服务。

第二节　我国部分城市智慧档案馆的建设

智慧档案馆建设是一项创新工作，要重点运用云计算、物联网、大数据分析等新一代信息技术，构建智能化档案管理与智慧城市运营的有机整体，努力推动档案现代化工作。虽然这一概念和框架的初步构想尚未提出很长时间，但国内一些地方档案部门已经开展了智慧档案馆建设的相关研究，主要包括青岛市档案馆、丽水市档案馆、珠海市档案馆和张家港市档案馆等。对其智慧档案馆的建设背景进行分析可以看出，四地智慧档案馆的建设是在智慧城市的背景下进行的。下面主要对青岛市智慧档案馆和丽水市智慧档案馆进行介绍。

一、青岛市智慧档案馆建设实践

青岛市智慧档案馆的建设主要围绕智慧档案馆藏、智慧档案采集、智慧档案管理、智慧档案保护、智慧档案监管五大平台，实现档案信息资源的高度智能化管理和开发利用。

智慧档案馆藏平台针对电子文献、专业数据库等新型档案资源的引入和归档，实现电子档案的智能化馆藏。一是建设基于文档集成的电子档案管理平台，提高电子档案的接收和管理水平；二是建设业务数据库采集管理平台，集中管理跨不同主体的具有长期保值价值的业务档案数据；三是建设媒体信息采集平台，通过档案实现互联网、广播电视等媒体信息的智能采集和自动归档；四是建设基于青岛记忆理念的数字文献资源采集管理平台，对全市复杂的历史文化资源进行整理和规划，通过专门网站收集和共享权威的城市历史文化资源，建设青岛市历史文化资源共享平台的记忆系统。

智慧档案采集平台利用物联网和射频技术，对档案单位实行电子标签管理，对档案进行智能识别、定位、跟踪、监控和管理。平台特别注重物联网技术的运用，并覆盖档案管理的各个环节，实现学科信息与档案内容的一体化、互动管理。

采用知识管理、数据仓库、三网融合等技术搭建的智慧档案管理平台，为用户提供便捷的档案信息服务，最大限度地发挥档案的宣传教育作用。该平台在对原有数字档案信息发布平台进行智能化改造的基础上，重点打造基于三网融合的移动数字档案信息中心和档案信息服务体系，拓展档案服务范围，构建以人为本、公民参与、协调配合的档案服务机制。

智慧档案保护平台的搭建采用了虚拟化档案信息长期存储技术，对档案信息进行智能备份和智能数据安全检测。该平台主要围绕“两地三中心”，即青岛市档案馆计算机中心、青岛市同城备份中心和深圳市异地容灾中心，包括硬件库、核心软件馆藏库、电子文件格式登记库和数据迁移平台、模拟平台的“三库两平台”，构建安全备份平台和迁移模拟平台，重点实施电子档案打包技术、智能电子档案备份迁移技术和各类数据分级存储技术，加强电子档案资产管理和流程管理，确保数据的可读性和可访问性。

智慧档案监管平台以金宏网（青岛市政务内网）为基础构建，实现归档和档案管理的智能监控、远程查询和知识保障，提高市档案业务监督管理效率。该平台主要为档案工作人员构建业务管理系统，以智能技术实现对档案流转等工作的全流程管理，促进部门间的信息交流和业务协作。建设档案管理监管和业务指导系统，实施档案及时指导、档案质量智能监控、档案业务知识支撑服务和档案管理模式智能化建设，增强在线监管模式和业务指导，提高监管效率。

青岛市智慧档案馆项目一期工程取得重大进展。具体来说，主要包括电子档案智慧管理、智能数据管理、智能检索和共享服务、智能感知管理、综合业务管理和系统维护与控制等六大平台，实现了基于电子文档一体化和业务数据仓储式管理、基于物联网技术的档案智能管理、基于青岛记忆理念的数字文献资源管理、基于智慧泛在理念的档案信息服务、基于真实可信和长期可用的档案安全存储、基于智能技术的档案馆工作科学管理和基于网格化管理的全市档案业务监督指导。

青岛市智慧档案馆的建设速度还是很快的。当前，在智慧城市尚处于稳步推进的发展阶段，青岛市智慧档案馆已完成一期建设，初步搭建了智慧档案馆五个平台，提升了青岛市档案馆的档次。档案馆的管理运营水平有利于青岛市档案馆电子化的深入发展。目前，青岛市智慧档案馆项目二期工程正在稳步推进。

二、丽水市智慧档案馆建设实践

丽水市智慧档案馆建设与“智慧丽水”建设同步启动。丽水市档案馆构建了智慧档案总体框架，包括一个核心平台、两个大数据仓库、三个智慧档案操作系统和三种应用模式，其中，一个核心平台是以云计算系统为核心的档案管理平台；两个大数据仓库分别是档案馆档案大数据集和内部档案大数据集；三个智慧档案操作系统分别是实现智能管理、智能共享、智能监管三大功能的智能操作系统；三种应用模式分别是云文件智能模式、文件超市智能模式、普通人智能文件模式，与这三种应用模式相匹配的文件搜索方式主要有百度搜索方式、自主搜索方式、一站式搜索方式、移动搜索方式和并行搜索方式，其中，百度搜索方式主要针对档案办公需求；自主搜索方式旨在满足方便广大群众使用档案的需求，力争足不出户即可查询记录；一站式搜索方式旨在建立方便档案共享服务的大型公共档案查询平台，可查询不同部门之间的档案资源；移动搜索方式主要为党政机关人员提供远程档案服务；并行搜索方式可以并行查询数字档案和纸质档案，满足档案查询的需要，解决馆际归档和颁发证书的问题。

在丽水市政府门户网站上，全市所有政府人员均可查询权限范围内的公开档案；普通市民足不出户，就可以通过丽水“云档案”共享系统查询自己想要的文件和信息资源，享受到便捷的“一站式服务、一键式搜索”；档案主管人员还可以通过管理系统进行在线监督、在线业务指导。

丽水市智慧档案馆建设与智慧政务相关，根据其自身特点，通过区域整合避免了档案信息化建设的重复投入，弥合了不同部门之间共创共享的差距。利用移动办公技术和射频技术打造“掌中档”项目，建设通用档案查阅中心和创新服务模式。可以说，丽水市智慧档案馆正逐步实现仓库管理智能化、档案安全监管智能化、档案信息共享智能化。

第三节　智慧档案馆的风险分析

截至今日，仅有部分文献对智慧档案馆的现存风险进行了初步的探索，较少文献对其进行了系统化研究。胡晓庆认为在智慧档案馆建设方面存在四个问题，即顶层设计不足、信息安全挑战、人员资金缺乏以及对档案组织和运作体系的挑战。[①] 毕娟从智慧档案馆的建设意识、标准和规范、人才体系以及交流和建设四个角度探讨了智慧档案馆建设。[②] 冯惠玲提出机构是电子文件管理的主体，机构也通过自己的活动适应、管理、改变着社会、自然环境，进而提出电子文件的三个风险因素：机构内部的风险、社会环境的风险、自然环境的风险。[③] 基于上述学者的相关研究思路，本书将智慧档案馆运维管理风险分为内部风险和外部风险两大方面。

一、内部风险

内部风险从智慧档案馆运营维护的内部管理层面入手，科学地、系统性地预测与智慧档案馆相关的风险。内部风险主要涵盖五个方面：意识风险、人员风险、经济风险、管理规划风险、业务管理与服务风险。

（一）意识风险

由于智慧档案是随着大数据时代智慧城市发展而出现的一个新概念，国内外对相关方面的研究还很少，因此在这方面还没有足够的研究经验。智慧档案馆运维管理没有统一的标准或规范可遵循，而档案部门和工作人员对于什么是智慧档案也知之甚少。

一方面，管理层面对智慧档案馆建设认识不足，导致对智慧档案工作缺乏重视和支持，这是设备无法落地的主要原因。另一方面，在管理智慧档案方面，管

① 胡晓庆．智慧城市背景下智慧档案馆建设优劣势分析[J]．山西档案，2015（5）：99—101.

② 毕娟．智慧城市环境下智慧型档案馆建设初探[J]．北京档案，2013（2）：13—16.

③ 冯惠玲．电子文件风险管理[M]．北京：中国人民大学出版社，2008.

理者和社区用户对新兴的智慧档案还没有足够的了解。新形势下智慧档案管理人员缺乏认识，导致无法合理规划管理形式和方式，也增加了智慧档案馆运维管理过程中的难度；如职责混乱、信息资源浪费、支出增加、服务水平低等。在大数据时代背景下，科技和社会信息快速发展，档案信息的利用资源明显增加，但自身的等级质量却没有相应提高。对社会用户来说，其对智慧档案的使用技术、使用要求、使用方法了解甚少，导致智慧档案信息资源浪费，影响了智慧档案馆建设进程。

（二）人员风险

智慧档案馆是适应现代科技发展的一种形态，其运维管理过程中最关键的因素是科技人才。人才是当今社会发展最重要、最有价值的竞争资源。管理智慧档案馆的运维工作，需要有支撑的、相对稳定的研发团队和系统维护团队，并加强人力资源保障。如果掌握了人才，那么就掌握了技术。当掌握基础技术的人员流失时，将直接影响项目的快速稳定发展。首先，体制改革和智慧档案管理理念不完善，档案部门不能将智慧档案馆建设与档案部门体制改革的管理理念紧密结合起来，打造有利于优秀人才涌现的体制机制。其次，智慧档案馆的建设和发展需要专业 IT 人员的支持，而各级各类智慧档案馆的工作人员大部分是档案技术人员。如今，同时具备 IT 和档案专业知识的开发人员较少，设计和开发人员也较为短缺，导致档案人员在履行运维管理职责时不具备与时俱进的知识水平和实践技能。最后，由于档案工作人员不能掌握档案领域的综合理论知识，对与档案工作相关的文化、理论、科技等领域的基础知识和档案内容不熟悉，缺少信息意识、服务意识、现代化意识等，最终导致其无法从管理转向知识和技术。

（三）经济风险

智慧档案馆建设具有较强的结构性、系统性内容，需要较多创新技术，且运维管理系统研发的工作量较大。因此，智慧档案馆在建设过程中需要投入大量资金来支持其运营。

以智慧档案馆建设中最基本的物联网为例，物联网的成本主要体现在底层传感器技术的成本、网络使用的成本、数据处理设备的成本三个方面。作为基础检测技术中最基本的组成部分，射频识别（RFID）标签用于检测实体档案的存储位置和信息，普通 RFID 标签的价格在 0.5 元左右，而智慧档案馆需要对上千个档案进行 RFID 处理。这对整个智慧档案馆来说将是一笔巨大的开支。

同时，与智慧档案馆管理运维相关的技术仍在随着时代的发展而进步，且智慧档案馆建设的大量投资可能会带来前所未有的技术飞跃，这将对智慧档案馆产生巨大的影响。智慧档案馆需要特别关注和保障对技术资金和运维管理的投入。近年来，由于社会经济和企业运行的不确定性，市场资金无法及时回笼，因此企业融资存在一定的风险。同时，由于智慧档案馆建设的前期预算可能被低估，研究内容可能过多，关键技术的难度也可能被低估，从而可能导致需要额外的投资。

（四）管理规划风险

智慧档案馆运维管理是一项系统化的工程，不可能在短时间内实现，且管理运维存在一定风险。这是因为在智慧档案馆运维管理初期，首先对智慧档案馆自身情况研究得不够透彻，无法制定科学合理的组织方案；其次智慧档案馆才刚刚建立，而对全环境管理的研究也较少，运维管理过程中的各种风险还没有充分暴露，无法进行系统的研究；最后是对规划阶段体系认识不够，缺乏保障、笼统考量，存在组织管理上的疏漏，从而给智慧档案馆运维管理留下很大隐患。

（五）业务管理与服务风险

云计算、大数据、“互联网 +”等技术的运用，以及档案信息的数字化将产生海量数据。与传统档案服务相比，智能化业务管理与服务面临的主要问题不再是信息资源的稀缺与用户日益增长的需求之间的矛盾，而是档案信息资源获取的泛滥、无序与用户的选择和获取之间的矛盾，这将给档案信息资源的获取带来一些新的挑战。

上述五方面的内部风险之间存在着复杂的相互关系。智慧档案馆管理规划基于档案意识、人员配备情况、经济情况和管理规划情况。经济不足会导致人员不足；人员配备不足会导致管理规划和服务不足，进而影响其他方面的发展。总体而言，要关注不同要素之间的关系，做好风险预测、评估和防范工作。

二、外部风险

外部风险主要与影响智慧档案馆运维管理的某些客观因素有关。根据这些因素的来源，将外部风险分为两类：一类是自然环境带来的风险，另一类是社会环境带来的风险。

（一）自然环境带来的风险

无论是传统档案馆、数字档案馆还是智慧档案馆，都会受到自然环境，尤其是自然灾害的影响。自然灾害主要涵盖一些由环境变化引起的灾害，如地震、洪水等。

（二）社会环境带来的风险

智慧档案馆在社会中的发展必然会受到社会环境因素的影响。结合相关因素，我们将社会环境带来的风险分为规范体系风险和同行风险两个方面。

1. 规范体系风险

目前档案部门虽然有一定的智慧档案馆建设基础，但缺乏统一的规范和建设平台，以及对智慧档案馆的顶层设计。智慧档案馆建设可能会涉及建设粗放、缺乏统一标准和法规等诸多问题。虽然出台了一些地方性法规或规范性文件，但目前行之有效的制度还较少。智慧档案馆在经营活动中缺乏科学规范的实施标准，其发展可能会出现不可预测的法律风险。

正如胡晓庆提到的“关于智慧档案馆建设的政策、法规、建设标准等设计稍显不足”，[①] 因此智慧档案馆建设要有长远的发展规划，“自上而下”统一标准和原则，否则智慧档案馆建设将面临“先应用、后完善”的问题。因此，对智慧档案馆的运维管理而言，相对较大的风险是长期发展规划的不完善和缺乏相应的政策法规。

2. 同行风险

一方面，智慧档案馆建设尚处于起步阶段，相关制度和要求尚无统一标准。相似的档案馆难免会进行一些具有潜在风险的示威活动，从而产生比较恶劣的影响。另一方面，相似的档案馆会因地域、经济发展等因素而存在差异，这使得智慧档案馆建设和运营需要考虑的因素较多，也给智慧档案馆的运维管理带来了巨大的好处。

一般来说，内部风险与外部风险之间存在一定的联系，在风险排查过程中应注意各方面的联系。风险意识是一种对精神层面的文化意识影响，具有基础性作用。人员风险、管理规划风险、业务管理与服务风险是从意识层面对智慧档案馆运行维护管理的外在表现。经济风险是一切风险的最根本原因，因为经济学是基础，经济学决定认识，解决经济风险是解决其他风险的前提。外部风险主要是政策法规等风险，这些风险可在一定程度上影响经济风险，进而影响其他内部风险。

① 胡晓庆．智慧城市背景下智慧档案馆建设优劣势分析 [J]. 山西档案，2015（5）：99—101.

第四节 建设智慧档案馆存在的问题及策略

一、建设智慧档案馆的思路

建设智慧档案馆要本着“深入、融入、引入”的思路，即引领智慧档案馆建设向更深层次发展，夯实智慧档案馆建设基础；将智慧档案馆建设融入智慧城市建设；引入其他领域智慧建设先进经验，建设智慧档案馆。

（一）深入

智慧档案是数字档案的更新和发展，数字档案是智慧档案的前提和基础。智慧档案是档案管理计算机化和现代化的高度融合，是档案信息化向更高程度发展的体现，是档案发展模式转型和现代化的必然趋势。因此，智慧档案馆建设应围绕数字档案馆建设进行规划，着重技术应用和数据资源建设。在技术范畴，要更加注重物联网、云计算、大数据分析等智能技术的应用，形成基于物联网、移动互联网的智能文件感知系统和基于云计算的文件感知系统。根据大数据分析智能计算系统的早期部署构建智慧档案馆，全面整合资源，达到最佳效果，让文件采集、文件管理、文件使用等所有互联变得智能。在建设数据存量方面，一是盘活数字档案馆海量的档案保有量，通过数据挖掘等技术实现档案保有量的增值；二是更深层次推动数字档案馆，助力打造智慧档案馆。

（二）融入

全国智慧城市建设正如火如荼地进行，并得到了地方政府的大力支持。建设智慧城市的目的是为人民服务，档案管理的最终目的也是为人民服务。第一，将智慧档案馆规划与智慧城市规划融为一体，可以获得建设智慧城市的专项资金支持，也可以借用智慧城市的一些政务基础设施，如政务云等，还可以有效解决智慧档案馆建设的融资问题。第二，将智慧档案应用系统与智慧城市公共信息服务平台融合。智慧城市建设过程中开发的公共信息服务平台是服务人民群众的重要渠道，在这种情况下，为了实现档案服务人民群众的目标，智慧档案应用系统应与智慧城市公共信息服务平台融合。服务平台将智慧档案馆建设纳入智慧城市建设，可使档案信息化与城市信息化协调发展，也可促进档案管理服务的创新。

（三）引入

虽然作为智慧档案馆基础的数字档案馆建设已经比较成熟，但智慧档案馆的提出是近几年的系统实践，没有统一的标准或参考标准。因此，档案行业不仅要积极探索、寻求创新，还要全面引进其他领域智慧建设的先进理论和经验，少走弯路，追求智能化档案的高质量发展，尤其应该从理论和实践两个层面来借鉴。在理论层面，在深入研究智慧城市相关理论的基础上，加强智慧档案馆理论研究，为智慧档案馆建设提供理论支撑；在实践层面，智慧档案馆建设应引进成功实践经验和优质服务，重点发展与人们需求密切相关的档案应用。在打造智慧档案馆时，可以到有关单位建设智慧档案馆的现场，虚心向其负责人请教，总结经验，听取各方建议，打造高质量的智慧档案馆。

二、建设智慧档案馆存在的问题

（一）人才引进问题

智慧城市背景下的智慧档案馆将许多先进的技术融为一体，这就要求新时代的档案工作人员对高新技术、网络环境等有较深的理解，因而有必要转变工作人员传统的档案管理业务模式，更新观念，追上时代的步伐。同时，智慧档案馆的转型升级需要引进大量熟知计算机、物联网、网络构成、协同管理的人才。

（二）群众参与度低

智慧档案馆的建设为档案工作更好地服务于人民群众提供了新的出路，但就现实而言，公众的参与度却并没有期望中那么高。群众认知度低、参与度低，因此智慧档案馆建设尚未达到目的，尚未实现提供个性化、高效服务的目标。

（三）地域差别较大

目前，由于实际情况不同，各地对智慧档案馆建设的探索是各行其是，尚未形成有系统化管理和宏观把握的格局。虽然智慧档案馆的建设已取得一定的成效，但大范围的推广建设仍不太现实。

（四）投入成本过高

智慧档案馆的建设需要大量的人力、物力以及资金的投入，不仅馆藏档案需要通过扫描数字化，而且需要利用 OCR 文字识别等技术对档案信息进行深入分割处理，以达到能够进行数据挖掘的目的。再者，数据收集、处理、安全防护等各种平台的建立及传感、射频和其他设备的购入都需要雄厚的资金作为保障。除此之外，人员配备、工作人员培训也需要一定的费用。档案部门档案信息开发受限，也在一定程度上阻碍了智慧档案馆的建设步伐。

（五）缺乏整体规划和明确的政策规范

由于智慧档案馆的建设正处于初级阶段，对于许多概念、技术等的研究仍不够透彻，而且各地智慧档案馆建设都处于探索阶段，仍不成熟，因此对系统功能的实现要求、控制文件对象的程度、聚合档案资源的范围和智慧档案馆管理运作的规章流程仍不明确，智慧档案馆建设缺乏长期性、权威性、指导性政策体系。同时各个地方各自为政，智慧档案馆建设虽然取得了一定的成效，但是也存在着盲目建设的现象。

除此之外，档案学相关领域的研究人员还在持续关注智慧档案的概念、智慧档案与数字档案的关系、智慧档案技术与服务、智慧档案馆建设研究等；档案部门对智慧档案馆的建设仍处于探索的阶段，缺乏相关的法律规范、资金、技术设备等的支持；智慧档案馆的建设大都处在初期规划阶段，实践优势并未显现。

三、建设智慧档案馆的策略

智慧档案馆是档案信息化发展的必然产物，但我们也应该认识到智慧档案馆的建设并非一朝一夕便能完成。这项长远的规划和长期的事业需要档案界人士共同积极地探索和研究，通过分析实现智慧档案馆的建设，发现问题、解决问题，获得有益的经验和理论支持。

（一）深入研究智慧档案馆建设理论与政策

虽然国内外已经有很多城市在进行智慧档案馆探索，但是如今仍没有完善的有关智慧档案馆的标准规范出现。诚然，在当今社会条件下，信息技术、社会需求不断变化，智慧档案馆的模式也不再一成不变，但智慧档案馆的建设仍然需要一定的标准和规范的指导，通过确定一定的标准准确找到档案馆转型的切入点，通过云计算构建智慧档案馆的数据处理平台，通过大数据对数据进行挖掘、存储和分析，通过物联网感知馆内环境，通过移动互联网提供基于用户自身需要的服务，推动智慧档案馆的建设与发展。

（二）智慧档案馆建设要有整体规划

整体规划就是在一定区域内，根据确定的要求所做的总体安排和布局。智慧档案馆的建设要有整体的规划和安排，包括精准定位智慧档案馆的内涵、剖析智慧档案馆的职能、厘清智慧档案馆的结构等。智慧档案馆整体规划的构建要从当地实际情况出发，针对本单位的馆藏档案信息、设备情况、人员配备情况、资金支持情况、技术情况，考察构建智慧档案馆的方向以及可能面对的问题，同时配合其他地方智慧档案馆建设的经验方法，灵活做好整体规划。

（三）积极构建合作机制与平台

目前，各地数字档案馆、数字图书馆等都有了一定的发展，为智慧档案馆的发展提供了很好的借鉴。数字档案馆在海量信息收集、存储，数据挖掘，信息检索、查询方面为智慧档案馆打下了良好的基础，我们可以通过学习已有经验、补充存在的漏洞，实现智慧档案馆的健康发展，也为以后的图情档一体化打下坚实的基础。

（四）人员观念的更新和转换

智慧档案馆的建设需要引进大量的物联网、计算机技术人才，也需要对原有的档案工作者进行培训，使其进行观念的更新与转换。这不仅包括从纸质环境下的管理理念向电子环境下、智能管理环境下的管理理念转变，也包括从孤立封闭的保守观念向合作开放的共享观念转变。通过人员观念的转换，改善档案工作者的思维方式、工作方式，推动智慧档案馆的转型升级。同时，注重对群众档案意识的培养，通过及时的政策普及、服务升级与宣传，让群众了解智慧档案馆，参与到智慧档案馆所提供的智能化、个性化服务中去，让智慧档案馆服务于民。

随着信息时代的发展，智慧地球、智慧城市的理念相继出现，进而推动着档案馆优化升级向智慧档案馆转变，这是继传统档案馆向数字档案馆发展之后出现的又一新趋势。

智慧档案馆是档案信息化发展的必然产物，是档案馆的高级形态。虽然智慧档案馆的研究仍处于初级阶段，智慧档案馆的建设也处于探索阶段，并不算很完善，但这不能成为我们停滞不前的借口，如今我们更应该进一步探讨智慧档案馆的概念、技术、体系构架等，形成完善、成熟的理论，用理论指导实践，进而取得智慧档案馆建设的新成就。

在今后很长一段时间里，智慧档案馆都应是我们关注的重点。因此，对档案部门来说，要进一步探讨智慧档案馆的相关理论，积极引进人才、培训工作人员，强化建设智慧档案馆、提供智能服务的意识，通过统一部署，形成区域内智慧档案馆集群。同时要以人为本，以用户的需求为首要遵循标准，积极对海量信息进行收集、整理、挖掘、管理，提供高质量服务和智能化服务，早日实现本地区智慧档案馆的建成。

（五）将新技术应用于智慧档案馆建设之中

中国信息化在向深度发展，且已经处于智慧化的发展阶段。智慧化的信息技术为智慧档案馆的发展创造了崭新的模式。在这个过程中出现了物联网、云计算、移动互联网、大数据等重要技术，这些技术应用于档案的日常管理及服务中。智慧档案馆可运用这些关键新技术实现以下目标：物联网采集数据、云计算处理数据、移动互联网传输数据、大数据挖掘数据。物联网、云计算、移动互联网、大数据的综合运用，将实现智慧档案馆的深度发展及模式创新。

1. 物联网技术

（1）物联网的内涵

物联网是将安装在各种物体上的各种信息传感设备与互联网或无线网络连接起来而形成的一个巨大网络，它以互联网、传统电信网络等信息载体为基础，实现内部通信。物联网有物理地址对象，具有普通对象的设备性、自治终端的连接性、普通服务的智能性，其目的是将所有要素连接到网络中，实现智能化识别、定位、跟踪、监控和管理。看来，物联网离不开云计算和大数据。

（2）物联网的特点

物联网的出现打破了现有的、传统的思维方式。通过射频识别、红外感应器、全球定位系统、激光扫描器等信息传感设备，将所有物体按照契约通过互联网连接，进行信息交换和传输，实现智能化识别、定位、跟踪、监控和管理。在创建智慧档案馆的过程中，物联网技术的运用无处不在。过去，人们认为机场、道路、建筑物等物理基础设施是与数据中心、PC、宽带等 IT 基础设施分开的。但在物联网时代，钢筋混凝土、电缆、芯片和宽带将被整合成统一的基础设施。从这个意义上说，基础设施更像是世界运转的新建筑工地，包括经济管理、生产活动、社会管理乃至个人生活。

（3）物联网在智慧档案馆建设中的应用

第一，实现档案实体的智能化识别，是物联网在智慧档案馆建设中起到重要的作用。传统的档案案卷管理是将案卷按照案卷号顺序进行排列，以案卷号为线索找到所需要的档案案卷，但是这种服务模式效率低、耗时长，不能通过互联网进行远程访问和利用。在智慧档案馆中，与档案实体的智能化识别相关的物联网技术主要包括传感器、二维码、射频识别和机器对机器（M2M），物联网技术在智慧档案中的应用将主要基于关键的射频识别技术。智慧档案馆可以在档案实体上植入 RFID 标签，使馆中所有档案都有自己易于识别的“身份证”，方便记录该档案的存放地点、档号、档案题名、归档时间、利用状态等相关信息，把原来孤立存在的实体档案通过射频识别等信息传感设备与互联网连接起来，实现智能化识别和管理，并实现档案实体的网络互联。RFID 检测功能可以有效识别外界的温度、湿度，同时利用 RFID 跟踪、监控和管理功能，在档案、设备、仓库、建筑、档案人员和用户之间建立网络连接，让档案工作者或用户感知档案的物理状况和内容信息，为档案信息的实时管理和智能化服务创造了有利条件。物联网实现档案单位信息和内容信息的智能识别、定位、跟踪、监控，以及档案的一体化管理和交互管理。

第二，物联网技术有助于档案馆的档案实体管理。首先可以将档案实体物联化，对每份档案加上 RFID 标签，赋予其特定的数字信号，该数字信号包含档案题名、存放位置等相关信息，档案管理人员通过自动化设备可以实时读取档案的信息，定位档案实体的位置。其次可以利用读写设备对档案密集架上的档案进行盘查扫描，以检测每一份档案的状态，并将扫描到的信息与档案信息管理系统中的信息进行比对更新，从而及时发现档案丢失或者错位放置的问题。一旦出现档案实体的错位放置，读写设备就会报警提示，并通过精确的位置引导信息找到错位放置的档案，使其正确归位，从而提高档案信息管理系统对档案实体的监管能力和档案管理人员盘库的工作效率，降低库房档案管理的人力成本，极大地提高调档的效率。最后可以解决档案实体与档案管理系统之间无法沟通的问题。由于物联网中的每个网络节点都是独立可寻址的，因此可以通过植入传感器节点来实现对每个文件的实时感知和监控。同时，通过建立物联网管理系统与现有的档案信息管理系统进行无缝链接，可以有效实现档案资源共享和对档案实体的快速灵活查找、准确区域定位，以及图形化导航索取、快速查库等智能化管理。

第三，物联网技术可以使智慧档案馆更加全面地感知档案馆的人和物，甚至是档案建筑。具体来说，基于物联网的档案感知系统使档案馆可以在已经使用的二维码技术的基础上，通过射频识别技术，将档案资源、档案用户、档案馆建筑、档案馆设备资产等连接起来，实现一个全面的物联网，使得以上这些要素的主要数据能够被及时感知，并对这些感知数据进行及时处理，从而打造一个具有感知功能的智慧档案管理平台。在物联网环境下，用户在使用档案时，如果需要借阅一个档案单元，那么借阅过程将变得更加方便和简单。通过档案信息管理系统查找到档案目录，随后可以利用嵌入的传感器节点去图形化导航索取对应档案实体的物理位置并完成实体借阅。同时，由于每份档案都具有独一无二的电子标签，因此在通过读写设备完成档案实体借阅的过程中，档案实体的档号、题名、借阅人、借阅次数等多种信息被自动地记录到档案信息管理系统中，为后期的档案统计工作提供了极大的便利。

在不断发展的技术支撑下，射频识别设备逐渐扩展为红外传感器、全球定位系统、激光扫描仪等，并连接到互联网，形成一个庞大的网络，系统可以自动、实时地识别、定位并跟踪对象，监视并触发适当的事件。构建档案工作人员业务管理系统，利用智能技术实现完整的档案和工作流程管理，促进部门之间的信息共享和业务协作。建设档案管理监管和业务指导系统，实现档案及时归档指导、档案质量智能监控、档案业务知识支撑服务和档案管理模式智能化构建，完善网上档案监管和业务指导模式，提高监管效率。

2. 云计算技术

2019 年 2 月中国互联网络信息中心（CNNIC）发布的第 43 次《中国互联网络发展状况统计报告》中提道，在云计算领域，我国政府高度重视以其为代表的新一代信息产业发展，企业积极推动战略布局，云计算服务已逐渐被国内市场认可和接受。

（1）云计算的内涵

云计算是在并行计算、分布式计算、网格计算、效用计算的基础上发展起来的，是网络存储、虚拟化、负载均衡、热备份冗余等传统计算机技术和网络技术融合发展的产物，它经过无数次演化和改进才形成我们现在的云计算模型。云计算是一种用于开发、使用和交付互联网相关服务的模型，通常通过互联网提供动态可扩展且虚拟化的资源。各种云计算的应用服务范围正日渐扩大，其影响力也无可估量。云是网络、互联网的一种比喻说法。云计算可以让用户体验每秒 10 万亿次的运算能力，这么强大的计算能力可以模拟核爆炸，以及预测气候变化和市场发展趋势。基于云计算的内涵，美国国家标准与技术研究所对其做出了定义：它是一种按使用量付费的模式，该模式提供可用的、便捷的、按需的网络访问和可配置计算资源（网络、服务器、存储、应用程序、服务）共享池，只需很少的管理工作或与服务提供商的交互即可快速配置计算资源。2008 年 2 月 1 日，IBM 公司宣布将在中国无锡太湖新城科教产业园为中国软件企业建设全球第一个云计算中心。

(2) 云计算的特点

云计算不通过本地计算机或远程服务器，而是通过大量的分布式计算机进行操作，数据中心的运行过程与互联网更相似，根据需求访问计算机和存储系统。其计算能力可以像电力一样作为商品流通，因此，云计算的特点可以概括为以下几点。

①规模巨大。只有达到一定规模才可以称为“云”。谷歌云计算已经拥有超过 100 万台服务器，亚马逊、IBM、微软、雅虎等的云计算拥有数十万台服务器。企业私有云通常拥有数百或数千台服务器。云的巨大规模使它拥有了前所未有的计算能力。

②虚拟存在。云计算使用户可以在任何地点使用不同的终端获取应用服务。用户请求的资源来自云，而不是来自持久的、有形的实体。应用程序在云中的某个地方运行，且用户实际上不需要知道或担心应用程序在哪里运行。用户只需要一个智能终端（智能手机、笔记本电脑等）就可以通过移动互联网执行任务，甚至可以执行超级计算机之类的任务。

③高可靠性。本地计算的可靠性受外界影响较大。云计算通过多副本容错、计算节点同构、互换等措施，使其与本地计算相比拥有更高的可靠性。

④高通用性。云计算不针对特定的应用程序，在云的支持下可以构建多种应用程序，并且同一个云可以同时支持不同应用程序的运行。

⑤高扩展性。云的规模可以动态扩展，以满足用户的需求，增加应用的规模。

⑥按需服务。云是一个庞大的资源池，用户可按照自身需求提出请求。其收费模式也十分便捷，可以像水、电、煤气那样按特定的单位计费。

⑦使用成本低。云计算产生、应用之前，企事业单位对内部数据的采用通过建立本部门的数据中心的模式进行管理，设备成本、人员管理成本日趋升高。云计算的出现为企事业单位提供了降低成本的可靠方案。由于云具有特殊的容错机制，因此云可以由极其廉价的节点创建。云的自动化集中管理大大降低了管理数据中心的成本，云的多功能性使得资源的利用效率更高，相比传统系统有了很大的提升。用户能够充分利用享受低成本云的好处，通常只需花费几百美元在几天内即可完成以前需要花费数万美元在数月才能完成的任务。

⑧潜在的危险性。云计算在拥有可靠性高的同时也拥有较大的潜在危险。云计算服务重要的功能是提供计算，但是在这个主体功能之外云计算还可以提供存储服务。云计算服务的经营主体是私人机构，其所有权垄断在私营企业中，虽然这些私营企业能够提供商业层面的信用保障，但政府机构和商业组织（尤其是银

行等持有敏感数据的商业组织）在选择云计算服务时仍应保持足够的警惕。当商业用户大规模使用私人机构提供的云计算服务时，无论这些私人机构的技术优势有多么强大，都不可避免地将整个社会束缚在“数据（信息）”的含义之下。对于信息社会，“信息”至关重要。云计算中的数据对数据所有者以外的用户来说是保密的，但对提供云计算的商业组织来说却是没有秘密的。所有这些潜在的风险都是商业组织和政府机构在选择云计算服务，特别是国外机构提供的云计算服务时必须考虑的重要前提。

（3）云计算的发展阶段

云计算从产生到如今比较成熟依次经历了四个阶段。

①电力中心模式阶段。19 世纪 70 年代，欧洲开始广泛应用电力。最初，一台发动机设备只供应一栋房子或一条街上的照明用电，人们称这种发电站为“住户式”电站，其发电量很小。随着电力需求的增长，人们开始提出建立电力生产中心的设想。电力中心模式类似于利用发电厂的规模效应来降低电价，让用户使用更方便，无须维护和购买任何发电设备。

②效用计算阶段。计算设备在早期阶段价格非常高昂，普通的机构无法承担高额的成本。为了降低计算的成本，共享计算资源的设想被提出。1961 年，人工智能之父麦卡锡在一次会议上提出了“效用计算”的概念，其本质是分布式服务器、存储系统和应用程序的集成，通过规模经济创建虚拟网络，也指构建权力中心的模式。“Hub（集线器）”与多个用户共享，允许用户使用计算机资源，如将灯泡插入灯座并按使用电量付费。但由于当时整个 IT 行业还处于发展初期，很多强大的技术还没有诞生，如互联网等，因此这个想法因技术水平不足在当时没能实现。

③网格计算阶段。网格计算的理念是将一个大的计算项目划分为不同的部分，将各个部分分配给不同的计算机进行计算，把计算结果汇总起来完成该大的计算项目的计算。然而，由于商业模式、技术和安全方面的明显缺陷，网格计算在工程界和商业界并没有取得预期的成功。

④云计算阶段。云计算的核心理念充分借鉴了效用计算和网格计算的思想，希望 IT 技术能像使用电力那样，通过规模效应降低成本。云计算的巨大规模加上互联网技术的不断发展，使得云计算作为一个新的技术领域得到了快速发展。云计算已经彻底改变了传统的计算方式，进而改变着传统软件工程企业。

（4）云计算在智慧档案馆建设中的应用

智慧档案馆在运行过程中需要处理的数据量庞大，云计算是不可或缺的解决途径，用云计算支持下的强大的信息处理中心来完成智慧档案馆内部信息的交流和共享，可以有效地实现各种资源之间的整合，并按照应用需求来分配资源。智慧档案馆是一个复杂的综合体，处于基于物联网、互联网、移动互联网等技术的档案信息化的高级阶段。智慧档案馆中新技术的实施都离不开云计算的支撑，物联网为档案馆提供感知能力，并使感知更深入、更智能，为了实现感知，物联网需要在档案馆内使用大量的传感装置，传感装置采集的数据是海量的，这些数据的存储、处理、运算、分析，以及解决海量数据带来的一系列问题都需要借助云计算的计算能力、存储能力和高性价比的服务。

在智慧档案馆的建设过程中，利用云计算技术可以使一定范围内的智慧档案馆联动，从而实现物联网感知能力的互联。云计算技术涵盖了分布式计算、分布式数据库、云存储、人工智能和虚拟化技术。构建云离不开软硬件基础设施。在软件层面上，过去的集中式串行计算程序已不再满足分布式环境的要求，并行计算、网格计算、人工智能是在云上管理大数据的关键技术。智慧档案馆的“智”就体现在人工智能技术上，它是智慧档案馆开发建设的技术引擎。

档案的形式和内容往往保留着一些原有的特征，这些原有的特征充分反映了档案的原始记录。原件是档案区别于书籍、资料和其他文献的重要属性。保密性决定了档案及档案工作具有独特的社会地位和社会功能。档案涉及保密问题，是重要且有价值的馆藏信息，这些特殊的馆藏信息使档案馆与图书馆、博物馆有着本质的区别。档案的保密性使智慧档案需要拥有自己独立的数据处理和存储能力，因此智慧档案馆的建设必须配备满足业务需求的服务器和存储设备。然而，处理和存储海量数据的压力，以及当前潜在用户的使用需求，使得智慧档案馆需要采用云计算和云存储技术。因此，智慧档案馆的数据计算和存储将采用私有云和公有云共存的模式。未来，智慧档案馆不仅会在公有云中发挥作用，还会在档案行业的私有云中发挥作用。

为了完成智慧档案馆中海量的信息处理和传输任务，必须利用云计算等技术构建虚拟化存储利用平台，并部署有线和无线两种宽带网络，使系统具有更强的计算能力、数据处理能力，更大的传输容量及安全存储的可能性和扩展应用的可能性。建设智慧档案馆是一个长期的过程，也是一项复杂的任务，还涉及信息资源整合、信息安全等诸多技术和非技术问题。目前，档案部门建设智慧档案馆已有一定基础，但缺乏政治支撑、法律规范、统一规划和相应的技术标准。资金、技术、人才等方面也存在一些不足，亟待加强最高层的设计和政策支持，避免走先建设、后规范，先应用、再细化的老路，推动智慧档案馆健康发展。

3. 移动互联网技术

我国档案馆网站建设始于20世纪90年代中期，1999年被称为我国的政府上网年，大量的档案网站借助政府上网年的东风大规模建设。国家自上而下大力实施网络强国战略、“互联网+”行动计划。我国对网络建设和发展极其重视，自中央网络安全和信息化委员会成立以来党中央做出一系列重要决策，我国网信事业快速健康发展，网络强国建设持续加强，网络安全保障能力稳步提升，互联网对经济社会发展的作用更加凸显，广大人民群众在共享互联网发展成果上拥有了更多获得感。

（1）移动互联网技术的内涵

移动互联网旨在将移动通信和互联网合二为一。它是将网络技术、平台、商业模式和应用与移动通信技术相结合和实践的活动的总称。移动互联网技术是利用移动无线通信，通过智能移动终端获取信息和服务的新技术。它是移动通信技术和互联网技术的结合。移动互联网技术的关键应用是移动性管理、多种接入方式、个性化服务、安全和服务质量、寻址和定位。这些应用将为随时随地智能档案检索、个性化智能服务和档案信息高质量安全传输创造条件。

移动互联网现在已发展到了5G阶段，5G网络作为第五代移动通信网络，其理论传输速度峰值可达每秒数十GB，比4G网络的传输速度快数百倍，1秒即可下载一部超高清电影。在5G领域，我国的核心技术研发取得了突破性进展，政企合力推动产业稳步发展。5G使智能终端分享3D电影、游戏以及超高清画质节目的时代已向我们走来。智能手机、平板电脑、电子阅读器等移动智能终端将逐步取代计算机成为主流的信息终端，信息的传播和利用方式由有线转变为无线，中国5G技术在全球占据领先地位，高速的移动网络将使人们通过触手可及的移动终端更加方便、快捷地获取更加多样、丰富的网络信息。2019年2月，中国华为技术有限公司与摩纳哥主要电信运营商签署5G合作谅解备忘录，旨在加速部署摩纳哥的智慧城市服务，助力摩纳哥打造“5G智慧国”。5G技术已成为产业催化剂，可以更快接收数据，支持更多数据创造。

利用移动档案服务模式（特别是手机移动档案）发展档案信息传播，满足用户多样化、个性化的信息需求。手机归档支持模式基于无线网络、互联网和多媒体技术，通过便携式终端设备（主要是智能手机）进行无线接入，方便灵活地搜索、浏览、获取归档信息等。其主要应用有短信、移动阅读、档案信息浏览、档案信息公告、快速搜索、档案信息个性化、信息推送、官方微信、档案应用等。

（2）移动互联网技术的特点

信息化和经济全球化相互促进使互联网融入社会生活方方面面，深刻改变了人们的生产和生活方式。移动互联网有着区别于互联网的特点。

①覆盖面广。移动互联网不像有线网络那样受具体的网络布线限制，覆盖面广，接入形式灵活，可以实现档案信息的全天候、全方位利用。

②传播成本低。多样化的无线接入设备、较高的普及率增加了用户数量，产生了规模效应，降低了传播成本。

③打破时空限制。无线网络接入灵活，较少地受地域限制，可以覆盖全球。

（3）移动互联网技术在智慧档案馆建设中的应用

根据各类媒体出现的先后顺序，报刊被称为第一媒体；广播被称为第二媒体；电视被称为第三媒体；互联网被称为第四媒体；移动互联网被称为第五媒体。智慧档案馆将充分应用移动互联网技术，积极开辟第五媒体阵地，不断拓展档案服务空间。通过档案网站可以方便、快捷、全天候地为社会提供档案信息服务。网络基础设施和网络技术的不断发展，为网络服务的实现和拓展提供了有利条件。通过网络，在任意地点的用户在任何时间都可以进行档案的查询利用。随着无线通信技术的快速发展，网络的连接方式发生了根本变化，不再需要有线接入，无线网络的发展使上网设备也发生了革命性的变化，由原来的计算机逐渐过渡到掌上电子设备。智慧档案馆可以利用第五媒体赋予的灵活多样的途径与社会公众实现全面的即时交流，实现档案馆的主动式服务。这种即时交流能使档案馆充分了解档案利用者真实的需求和心理，借此不断改善档案馆的服务，另外可以引导公众分享和评论档案信息，深入了解档案馆资源和文化。

4. 大数据技术

随着信息技术的飞速发展和互联网络的无限延伸，数字化、网络化、信息化已深刻地影响了人们的工作、学习、生活和娱乐，数字不再只和计算有关，我们已不可逆转地进入了大数据时代。纵观档案发展史，从简牍到电子，档案工作无不是适应科技发展而不断更新档案管理内容和手段才取得更大发展的。面对大数据时代的机遇与挑战，我们必须全面推进智慧档案馆建设。大数据技术更是受到国家的重视，国家把大数据作为基础性战略资源，全面实施促进大数据发展行动，加快推动数据资源共享开放和开发应用，助力产业转型升级和社会治理创新。全面推进重点领域大数据高效采集、有效整合，深化政府数据和社会数据关联分析、融合利用，提高宏观调控、市场监管、社会治理和公共服务精准性与有效性。依托政府数据统一共享交换平台，加快推进跨部门数据资源共享共用。加快建设国家政府数据统一开放平台，推动政府信息系统和公共数据互联开放共享。制定政府数据共享开放目录，依法推进数据资源向社会开放。统筹布局建设国家大数据平台、数据中心等基础设施。研究制定数据开放、保护等法律法规，制定政府信息资源管理办法。深化大数据在各行业的创新应用，探索与传统产业协同发展新业态、新模式，加快完善大数据产业链。加快海量数据采集、存储、清洗、分析发掘、可视化、安全与隐私保护等领域关键技术攻关。促进大数据软硬件产品发展。完善大数据产业公共服务支撑体系和生态体系，加强标准体系和质量技术基础建设。

（1）大数据技术的内涵

大数据指无法在一定时间范围内用常规软件工具进行捕捉、管理和处理的数据集合，是需要新处理模式才能具有更强的决策力、洞察发现力和流程优化能力的海量、高增长率和多样化的信息资产。

大数据技术的战略意义不在于掌握庞大的数据信息，而在于对这些含有意义的数据进行专业化处理。换而言之，如果把大数据比作一种产业，那么这种产业实现盈利的关键，在于提高对数据的“加工能力”，通过“加工”实现数据的“增值”。

经过近些年的档案信息化建设，国家各级各类档案馆积累了大量的档案数据资源。通过大数据技术的应用，对智慧档案馆中结构化、半结构化及非结构化数据进行挖掘，发现其中的隐性知识和重要价值，并通过数据分析了解和预测用户的需求特征，最终实现智慧档案馆的个性化服务、多元化服务和智慧化服务，从而提高智慧档案馆的整体服务水平。

（2）大数据技术的特点

①数据类型多样。大数据种类繁多，在编码方式、数据格式、应用特征等多个方面存在差异，不同信息源形成的异构数据数量庞大。现如今，社交网络、物联网、移动计算等新渠道、新技术不断涌现，会产生大量的半结构化或非结构化的数据，例如，微信、微博、邮件等使新数据类型的大量增加，机构需要分析传统、非传统信息源的数据。并且随着各类传感装置、智能设备、社会协同技术爆炸式增长，数据种类也将越来越多。

②体量大、数据流转快速。大数据的数据体量异常庞大，通过各种设备产生的数据规模极为庞大，PB 级甚至是 ZB（1ZB=1024EB，1EB=1024PB）级的数据将成为常态。

③实时性强。感知、传输、决策、控制等开放式循环的大数据对数据的实时

性要求极高，在传统数据库查询得到的数据很有可能在获取的时候就没有了使用价值。这就要求处理数据的速度要快，对处理能力的要求从批处理转向流处理，这在一定程度也体现了大数据与传统数据的本质区别。大数据处理能力的“一秒定律”就是大数据具备快速处理能力的真实体现。

④总体价值高、价值密度低。大数据的巨大体量使数据的整体价值不断提高，对大数据的处理可以得出巨大的潜在商业价值，这会给商家带来无尽的商业利润，给其他机构带来巨大的便利。但是因为大数据的数据量过于庞大造成其价值密度很低。

⑤全量性。大数据采集、处理的维度、深度都在向全量数据发展，只有在全量概念下，改变传统的抽样统计方法，才能更准确地挖掘出事物的发展规律和发展方向。传统的思维模式依据逻辑推导做出相应的预判、决策。大数据的全量性使人们可以事先得到预判结果，再以合理的逻辑思路进行决策和应对，甚至可以做到不需要推理，先预判后处理，通过总结事物发展的规律以随时应对突发事件的产生。

⑥冗余性。现代信息技术、互联网使数据呈无限扩展态势，体量极其庞大，数据的总体价值不断增大，但是单位数据的价值密度不断降低，数据的真伪识别、冗余识别变得异常重要和复杂。如何实现大数据的去伪存真、去粗取精，将会是一个贯穿始终的重要研究课题。

（3）大数据技术在智慧档案馆建设中的应用

大数据技术能够为产业赋能，联想集团大数据团队帮助一家石化企业实现智能化生产，提高了原油转化汽油的收益率，一年净利润可提升 5000 万元以上。随着大数据的不断发展，大数据在智慧档案馆建设中的应用也加快落地，智慧档案馆所提供的智慧化服务必须依靠大数据的支撑。在大数据时代，海量数据和先进的数据处理技术为微观层面的档案研究提供数据和技术支撑，这就使对个体共性和个性的深入挖掘和分析成为可能。大数据技术在智慧档案馆中的应用主要体现在以下几个方面。

①提升知识服务水平。传统文献单元的传递信息服务已经不能满足用户的需求，智慧档案馆的服务应以知识服务理念为指导，充分分析用户需求，主动全程跟踪用户的信息活动，借助大数据技术对用户的使用行为、习惯、偏好、特点和访问记录等进行深度挖掘，获取用户需求、兴趣、习惯等信息，全方位研究用户的结构层次，建立用户数据库，挖掘用户潜在需求。针对信息用户结构层次的不同分析其需求差异，将用户科学地分组，并以组为单位组织和优化资源和服务，为不

同用户组提供针对性资源和服务，以期实现最优的信息服务。对用户需求做出更敏捷的反应，提供有效支持知识应用和知识创新的服务，解决用户的实际问题。

②对资源的深度挖掘。利用大数据技术将各种信息从显性和隐性的档案信息资源中挖掘出来并进行开发。对用户行为的挖掘及对档案资源的挖掘都有利于知识服务水平的提高。大数据技术（包括语义分析、机器学习、聚类分析、数据仓库、人工智能、知识图谱等）对海量数字档案资源进行分析和挖掘，可激发出每一份档案资源的活力，探求数据之间的相关关系，发掘提炼隐性知识和潜在价值，丰富信息服务的质量内涵，从而不断满足用户的档案知识需求。

③辅助决策的制定。智慧档案馆依据对大数据的分析来辅助决策的制定，在数据分析基础上制定的决策会更具可行性。智慧档案馆的业务数据、技术数据、统计数据可以帮助档案馆领导层进行决策。

大数据时代在不断改造传统产业的同时，也对传统档案管理模式提出了挑战。在数字信息技术环境下，电子载体和数字传播方式的异军突起，信息处理方式的变革，电子文件的爆炸式增长，使档案的传统载体形态向数字形态过渡，档案管理和利用的主要环境逐渐向电子环境迁移。传统档案馆必须向数字档案馆转变，才能适应档案环境的新变化，开拓档案工作的新局面。

5. 射频识别技术

（1）射频识别技术的内涵

条形码技术最早产生在20世纪20年代，随着零售业和消费市场的飞速发展和扩大，条形码技术也得到快速发展，它可以标出物品的生产国、制造厂家、名称、生产日期、类别等许多信息，因而在商品流通、图书管理、邮政管理、银行系统等许多领域都得到广泛的应用。射频识别技术起源于条形码技术，是条形码技术的无线版本，是一种非接触式的自动识别技术，也称为无线射频识别技术。采用RFID数据采集技术采集射频卡上的数据，识别工作无须人工干预。射频识别技术具有条形码技术所不具备的防水、防磁、耐高温、使用寿命长、读取距离大、标签上数据可以加密、存储数据容量更大、存储信息更改自如等优点。

沃尔玛、宝洁、波音等公司积极推动RFID在制造、物流、零售、交通等行业的应用，并在全球范围内掀起了一场RFID的推广热潮。RFID技术是21世纪最具发展潜力的技术之一，它的发展和应用推广将是自动识别行业的一场技术革新。而RFID在交通物流行业的应用更是为通信技术提供了一个崭新的舞台。

（2）射频识别技术在智慧档案馆中的应用

射频识别技术可根据档案馆的实际要求进行分类，防盗、身份识别、资产管理等。最基本的RFID系统由三部分组成：标签、阅读器、天线。应用RFID技术将档案实体、档案内容、档案管理信息与互联网相连，确保档案工作人员与档案、档案与用户、档案与建筑、档案与设备、工作人员与用户、用户与用户之间随时随地的沟通与感知。在泛在的感知与互联环境下，无论是数字档案还是传统的纸质档案，无论是文字资源还是多媒体资源，无论是编研成品还是检索结果，无论是传统的查档借阅还是现代的档案服务咨询，任何信息都能被迅速获取和及时处理。用户可以通过移动终端、互联网及社交媒体等信息媒介来满足检索、咨询、信息获取等档案利用需求，且不受时空限制。与此同时，通过对档案馆运行、档案利用等大量动态数据、关联数据和网络数据的整合分析，可以及时发现有价值的最新信息，预测用户需求，更深层次推动档案服务的智慧化。

感知是智慧档案馆建设的基础，将档案馆的建筑、设备、档案实体、档案用户与档案管理者联系起来，使整个档案馆成为一个感知系统，对其中物与人的变化实时感知，实现档案馆监控和管理的一体化。目前，在信息技术的带动下，感知化已具备实现的可能，部分省市也进行了相关尝试。

第一，对建筑与设备的感知。利用物联网技术，将档案馆的建筑实体、档案库房、档案密集架、温湿度控制系统、消防安保系统等进行立体互联和集中监控，实时感知档案馆建筑内的温度、湿度、亮度、噪声等数据信息，自动控制和调节设备的运行状态，实现设备的无人管理、设备运行情况的自动记录、设备之间的相互协调，这既优化了资源配置、降低了成本，又创造了安全、和谐的利用环境。

第二，对档案实体的感知。将条形码、二维码、RFID码等电子标签粘贴到档案中，利用传感设备远程读取标签信息，自动识别实物档案的目录信息、位置信息、借阅状态等，并对实物档案进行实时转换，实施物联网档案管理，优化对实物档案的管理、信息利用、统计等业务流程。

第三，对档案人员的感知。档案人员既包括档案用户又包括档案管理者。为档案人员配发RFID电子标签，一方面，在档案库房区域或其他馆内重要区域通过微动侦测实时感知是否存在非法进入人员及档案人员位置异常信息，保障档案及设备安全；另一方面，获取档案用户的个人开放信息及查档信息，为用户定制个性化服务。

6. 移动支付技术

我国电子商务领域首部法律《中华人民共和国电子商务法》的正式出台，对促进该行业持续健康发展具有重大意义。在经历多年的高速发展后，移动支付进入提质升级的发展阶段。我国的移动支付领域走在世界前列，2017 年 6 月，支付宝与摩纳哥签订战略合作协议，摩纳哥全国商户接入支付宝，摩纳哥成为第一个与支付宝签订战略合作协议的主权国家。中国企业的助力，大大加快了摩纳哥数字经济和智慧国家的实现。

（1）移动支付技术的内涵

移动支付是指交易双方为了某种货物或者服务，以移动终端设备为载体，通过移动通信网络实现的商业交易，移动支付所使用的移动终端可以是手机、掌上电脑、移动 PC 等。移动支付取代了现金、支票或银行卡支付等，买方可以使用移动电话购买一系列的服务、数字产品或实体商品。单位或个人通过移动设备、互联网或者近距离传感器直接或间接向银行金融机构发送支付指令产生货币支付与资金转移行为，从而实现移动支付功能。移动支付将移动终端设备、互联网、应用提供商以及金融机构相融合，为用户提供货币支付、缴费等金融业务。并且今后几年全球移动支付业务将呈现持续走强趋势。

（2）移动支付技术在智慧档案馆建设中的应用

移动支付技术在我们日常生活中的广泛应用提升了人民大众支付的体验，便利了广大支付用户。例如，用户可通过“爱心筹”（基于社交的互联网健康医疗公益平台）进行筹款，并通过微信进行信息扩散，所有爱心捐款均可通过移动支付来实现，在最短的时间内解决病人治病方面的经济压力。

档案馆的服务项目中有涉及收费的项目，档案馆应依据物价局文件进行收费，档案馆向智慧化发展也已经适时地引进了移动支付功能。移动支付技术作为支付方面的前沿技术必须及时融入智慧档案馆的建设过程，在智慧档案馆某些需要收取费用的服务方面给用户带来智慧化的服务。

7. 新媒体技术

（1）新媒体技术的内涵

新媒体是一个相对术语。它是继报纸、广播、电视等传统媒体发展后的一种新媒体形态，包括网络媒体、手机媒体和数字电视。数字传输与数字制作是新媒体的主要指标。

（2）新媒体技术在智慧档案馆建设中的应用

随着全媒体时代的到来，新媒体在不断发展壮大，出现了全流程媒体、全息媒体、全员媒体、全效媒体等，信息无处不在，且人人皆可用。从纸媒时代到微博、微信再到视频、VR（虚拟现实）全景……思维的转变和丰富的实践让我们感受到全媒体发展势不可挡。智慧档案馆应该充分利用新媒体技术更好地为用户服务，为档案馆宣传。比如，档案馆可以创建微信公众号，通过微信公众号向用户提供服务，在微信公众号上可以实现档案管理系统上的绝大部分功能。

智慧档案馆的本质是智慧化、信息化之间的彼此互动、融合与深入。智慧档案馆将运用物联网技术、云计算技术、大数据分析技术、移动互联网技术、RFID技术、移动支付技术和新媒体技术等新技术，基于智慧收集建立健全档案资源体系，基于智慧管理建立健全档案利用体系，基于智慧监测建立健全档案安全体系等。智慧档案馆的实践可以优化档案馆业务流程，让档案收集、分类、统计和利用服务更加智慧化、个性化，透过大数据分析技术让庞大的档案资源开展精细化管理成为可能。

第五节　智慧档案馆的发展前景

随着科学技术的发展和全球范围内智慧城市建设的进一步发展，虽然在技术、资源、理念等方面还存在很多有待解决的问题和需要克服的障碍，但未来档案管理员和用户都将享受到智慧档案馆带来的便利。同时，智慧档案馆是一个开放创新的实体，它会不断发展，使档案管理更加高效，用户使用更加方便。

一、从档案管理到知识管理

档案馆是国家建立的重要档案库，档案馆的主要职责是档案管理工作。由于智慧档案的特点，以及智慧档案馆各项功能的实现和完善，档案馆的档案管理工作越来越自动化、自主化、智能化，让档案工作者摆脱机械、单调的档案管理，并在更需要的领域发挥档案管理员的智慧。碎片化的文件信息经过计算机处理形成具体的知识，计算机再将二次处理后的知识信息发送给用户。在传统档案管理工作中，档案工作者往往陷入档案管理的复杂任务，将大部分精力都投入档案的收集、整理、评估和保存等前期工作。这种工作是日常工作，也是档案管理各个环节中最重要的一环。但在这些环节中很难完成知识再生，而是仅对旧档案进行整理。然而，依靠智慧档案的大数据管理功能，可以节省档案工作者收集档案的时间，甚至可以实现档案的自动收集和预收集。电子档案自动传输至云端并存储，可自动实现从档案收集到维护的一系列工作。目前，档案工作者作为社会资源最丰富、最了解档案价值的人，可以将自己宝贵的经验和知识转化为可循环利用的档案知识，供用户进一步利用。同时，通过智慧档案馆提供的新的数据采集渠道，利用大数据等手段，为用户提供分析、判断或预测的信息。这些信息不是常规档案馆收集的，而是档案工作者和档案使用者在档案管理过程中自动产生和收集的，具有巨大的潜在价值。智慧档案馆整合这些信息并从中重新生成新的知识，这不仅使档案管理者能够更有效地管理档案，而且使用户更便捷地利用档案。

可以看出，智慧档案馆的用户不仅可以接触到真实可靠的档案资源，还可以接触到从中衍生出的档案知识信息。在此期间，档案馆从单纯的档案收集和档案管理转向知识再生和知识管理，智慧档案馆的研究工作将进一步发展。

二、从存档重地到文化休闲

长期以来，档案馆的首要职责是集中统一管理党和国家必须长期保存的档案及有关资料，保存历史的真实面貌，服务于社会主义现代化建设和历史的长远需要。这也是档案工作最基本、最必要的职责。无论档案馆未来如何发展，都不应违背这一职责。但随着社会的进步，社会中的各个机构不断产生自身的价值，如果档案馆继续只保存档案，就会落后于社会发展的整个进程，会被其他部门边缘化，公众也会认为档案馆只是储存历史记忆的地方。

得益于智慧档案从档案馆管理向知识管理的转变，档案馆也可以利用丰富而有价值的藏品和获得的其他信息来不断创造价值。这将带来档案角色的转变。随着智慧档案馆提供知识资源的能力和知识再生产能力的提升，档案的文化教育功能得到凸显，档案的人文气质得到提升。档案馆不再仅是政府部门，去档案馆的用户也不再仅是具有明确的档案利用需求的人。相反，档案馆更多地被视为休闲和娱乐的场所。在这样一个开放的档案馆里，人们不仅可以接触到真实的历史“尘埃”，还可以了解到整个国家和民族的记忆，吸收知识、了解文化。来到档案馆的用户可以带有不同的目标。政府机关组织干部到档案馆学习参观档案；学校组织学生去档案馆接受爱国主义教育；老年人自发去档案馆查家谱；年轻人去档案馆上网娱乐。智慧档案馆强调档案与人的亲近感，它以人们的需求为基础，以向人们提供真正需要的档案信息和知识为己任，成为人们取之不尽、用之不竭的知识宝库。智慧档案馆将为繁荣科学和民族文化，以及社会主义现代化建设做出巨大贡献。

三、从单一利用到多维交互

目前，档案馆的访问和使用非常简单，基本上仅限于用户到档案馆使用档案，或者通过浏览档案馆网站获取所需信息。然而，作为三网融合发展大趋势的一部分，智慧档案馆将服务渠道进行拓展，让用户可以随时随地使用档案。

智慧档案的来源多元，以传统馆藏为主要来源，依靠传感技术获取感知信息，并通过三维连接，打通数字鸿沟，获取综合信息。智慧档案馆坚持以人为本的理念，馆藏的各类信息均以用户为中心，以实现资源可用性最大化。智慧档案馆基于此为更加精准、个性化的档案交互提供了资源背景。

智慧档案馆打破了档案馆与用户之间的沟通障碍，建立了用户与用户、用户与专家、用户与档案馆之间的沟通联系。通过先进的电信网、互联网、广播电视网以及这三个网络的重叠，创建一个通信平台，使用户与档案的联系更加频繁和有效。相比于以往传统的一次性互动模式，独特的立体互动模式增加了公众与档案互动的维度。

在传统的档案使用方式下，档案馆得到的反馈很少，导致普遍无法了解公众的真实想法，阻碍了档案的文明发展和普及。信息只能向下游转发，而没有交互的上游模式，这使得档案开发很容易脱轨。在档案信息和知识资源方面，智慧档案馆与用户建立了立体互动，以便在档案馆建设反馈中与用户进行多维沟通。在各个公用终端，用户可以及时表达对智慧档案馆建设的意见，让档案馆能够及时、真实地了解用户的心声，从而改进、完善和提高档案馆的相关管理和服务，进而奠定智慧档案馆建设的良好基础。更好地为用户提供档案，是智慧档案馆可持续发展的基础。

四、从实体存在到虚拟存在

当人们谈论档案时，一般首先想到的就是一栋大楼、几个仓库、几个档案员等，这是一种有形存在的档案形式。当人们谈论使用档案时，他们的第一反应一般是去档案地点查看。然而，得益于智慧档案馆与用户多维度的交互模式，让用户感受到档案馆就在身边，触手可及。未来，人们可以打开手机、电脑甚至智能电视，进而打开档案客户端，即可查看档案、咨询档案事宜。这可以满足大多数档案用户的需求，且无须访问实体中存在的档案。如今，档案对人们来说不再是一个物理实体，而是一个虚拟模型。它是一个虚拟的、无限的存在，没有墙壁，也没有固定的地点。档案存在的消解，实际上就是将档案提供、使用的服务从档案管理的诸多流程中分离出来，独立面向公众，使服务工作不必局限于建设，可以方便地进行。

然而，一提到档案，大多数人的第一反应仍然是泛黄的纸质档案。但随着近年来档案数字化的不断深入，电子档案数量呈指数级增长，智慧档案在保持对传统纸质档案的收集和使用的同时，也加深了档案的数字化。智慧档案馆为用户提供了更加电子化的档案模式，不仅方便上传，而且更方便查阅和使用。人们对档案的认知不再局限于具体的纸质档案，随之拓展为只有逻辑存储点而没有物理存储位置的虚拟化电子档案。当然，档案由实体向虚拟转变的前提是电子档案在凭证和真实性方面具有法律效力。也就是说，只有保证电子档案和纸质档案同样的真实可信，才能保证电子档案和纸质档案的利用效果相同。这需要档案行业和国家政策的不断努力和完善。

综上所述，技术进步带来了档案管理和服务理念的创新，进而在某些方面带动了档案的变革。首先，得益于智慧档案资源采集的自动化和来源渠道的多元化，简化了专注于知识创新的档案工作者的管理工作，这符合智慧档案可持续发展的首要目标。其次，由于知识的不断产生，人们对档案有了新的认识和需求，互联网络使智慧档案馆满足了档案利用者的个性化、多维度需求，也正因如此，实体档案正在转变为一种贴近公众并触手可及的虚拟存在，这体现了以人为本的智慧档案理念。

档案馆作为政府部门之一，不仅是国家存放文献的重要场所，也是延续全人类记忆的关键。随着我国智慧城市建设的蓬勃发展，档案工作者必须思考如何记录保存历史、智慧档案馆要体现什么价值、发挥什么作用等一系列问题。如今，随着物联网、云计算等新技术的不断涌现，档案部门的管理模式正在向未来智能档案管理模式转变。档案部门只有主动思考，抓住这次转型机遇，才能使智慧档案馆早日服务用户，积极为智慧城市建设做出贡献。

目前学术界对智慧档案的研究尚未形成系统，研究人员也相对较少，这说明学术界对智慧档案研究的必要性和紧迫性认识还不够充分。但值得注意的是，智慧档案的实践明显领先于学术理论：青岛、南京等地相继出台了智慧档案馆建设的通用方法，其他省市档案馆也出台了相应的办法。我们知道，理论可以指导实践，而实践又可以反作用于理论的发展，这种现象促使我们将在智能化档案的理论层面进行深入思考。

在早期研究人员的指导及相关和相似学科的启发下，首先，智慧档案的定义更加符合逻辑，不再局限于技术领域。其次，对智慧档案的特性进行了深入的挖掘，除了新技术带来的感知、互联的特性，认为其核心特性是以人为本。基于这些特点，对智慧档案的基本功能进行了一定程度的回顾，这些功能的设想并非空穴来风，而是基于智慧城市的总体发展目标、现有技术和发展智慧档案的基本理念。最后，通过国际公认的信息系统审计工具（COBIT4.1）进一步验证早期研究人员是否认为智慧档案是数字档案的更高级形式。

巩固智慧档案理论是智慧档案进一步发展的基础。但理论需要实践的检验。研究智慧档案馆的首要目标就是在现实中建立这样一个方便、高效的档案馆模型。这就需要档案工作者不断支持智慧档案理论；同时，档案工作者要不断吸收实践中的声音，进而不断丰富和完善智慧档案理论，真正达到以实践弘扬理论、以理论求发展的最佳境界和最终目标。完成智慧档案馆的整体建设，使档案管理者能够更高效地管理档案，档案使用者能够更方便地使用档案；确保档案馆与公众之间良好、高质量和可持续的沟通；让智慧档案馆真正为智慧城市建设做出贡献，促进社会和档案的可持续发展。

参考文献

[1] 杨振力．智慧档案馆建设[M]. 中国戏剧出版社，2019.

[2] 王淼，潘立军，孟磊．现代档案管理基础理论与实践[M]. 延吉：延边大学出版社，2019.

[3] 赵学敏，田生湖，徐娟．高校数字档案馆建设理论与实践[M]. 昆明：云南大学出版社，2020.

[4] 四川省档案局．档案工作基础业务[M]. 成都：四川人民出版社，2017.

[5] 柳瞻晖，金洁峰，苏坚．档案整理实务教程[M]. 上海：上海大学出版社，2021.

[6] 颜祥林，聂曼影．数字档案馆项目风险管理引论[M]. 上海：上海世界图书出版公司，2016.

[7] 赵芳，徐荣丽．高校档案工作管理[M]. 哈尔滨：东北林业大学出版社，2018.

[8] 王世吉，唐宁，周雷．现代档案管理理论与实践[M]. 延吉：延边大学出版社，2018.

[9] 张鑫．现代档案管理实例分析[M]. 北京：科学技术文献出版社，2018.

[10] 黄兆红．信息时代下的高校档案管理[M]. 延吉：延边大学出版社，2019.

[11] 李垚．大数据时代下档案管理探析[J]. 濮阳职业技术学院学报，2023，36（4）：109−112.

[12] 裴蕾．数字化档案管理系统在医院中的运用探析[J]. 兰台内外，2023（19）：31−33.

[13] 孔霞．新时期强化事业单位文书档案管理的思考[J]. 兰台内外，2023（19）：70−72.

[14] 张朝梅．高职院校档案管理的创新与优化研究[J]. 兰台内外，2023（19）：49−51.

[15] 杨亚红．基层档案管理工作数字化转型的思考 [J]. 兰台世界，2023（S1）：183–184.
[16] 郑姗，刘静．关于计算机档案管理措施的具体分析 [J]. 信息系统工程，2023（6）：72–75.
[17] 王永红．大数据背景下行政事业单位信息化档案管理 [J]. 现代企业，2023（6）：22–24.
[18] 张君贵．大数据时代，档案管理的价值提升探究 [J]. 兰台内外，2023（16）：10–12.
[19] 魏红．新时期做好人事档案管理工作探析 [J]. 兰台内外，2023（16）：61–63.
[20] 智宇．新时期的档案管理工作 [J]. 文化产业，2023（14）：121–123.
[21] 郑琼莲．Z 设计院科技档案管理优化研究 [D]. 石家庄：河北科技大学，2022.
[22] 徐文敏．泰安市档案管理改进对策研究 [D]. 泰安：山东农业大学，2022.
[23] 张聪慧．档案数字化管理研究 [D]. 济南：中共山东省委党校，2022.
[24] 孙华尧．智慧城市建设背景下城建档案管理研究 [D]. 保定：河北大学，2022.
[25] 任燕飞．迈克尔 · 库克档案思想研究 [D]. 济南：山东大学，2022.
[26] 杨俊杰．数字化转型背景下的档案信息安全问题研究 [D]. 郑州：郑州航空工业管理学院，2022.
[27] 孟晓楠．教育信息化 2.0 时代高校档案数据管理研究 [D]. 保定：河北大学，2022.
[28] 王玉蓉．电子档案管理业务流程重组研究 [D]. 湘潭：湘潭大学，2021.
[29] 汪茜．乡村振兴视域下乡村档案馆建设模式及优化策略研究 [D]. 济南：山东大学，2021.
[30] 冯恩杰．山东省高校数字档案馆建设路径探究 [D]. 济南：山东大学，2021.